V&R

Mirjam Zimmermann

Interreligiöses Lernen narrativ

Feste in den Weltreligionen

Vandenhoeck & Ruprecht

Mit 5 Abbildungen

Bibliografische Information der Deutschen Nationalbibliothek
Die Deutsche Nationalbibliothek verzeichnet diese Publikation in der
Deutschen Nationalbibliografie; detaillierte bibliografische Daten sind
im Internet über http://dnb.d-nb.de abrufbar.

ISBN 978-3-525-70209-3
Weitere Ausgaben und Online-Angebote sind erhältlich unter: www.v-r.de

Umschlagabbildung: © maglara – fotolia.com

© 2015, Vandenhoeck & Ruprecht GmbH & Co. KG, Göttingen /
Vandenhoeck & Ruprecht LLC, Bristol, CT, U.S.A.
www.v-r.de
Alle Rechte vorbehalten. Das Werk und seine Teile sind urheberrechtlich
geschützt. Jede Verwertung in anderen als den gesetzlich zugelassenen Fällen
bedarf der vorherigen schriftlichen Einwilligung des Verlages.
Printed in Germany.

Satz: SchwabScantechnik, Göttingen
Umschlag: SchwabScantechnik, Göttingen
Druck und Bindung: ⊕ Hubert & Co., Göttingen

Gedruckt auf alterungsbeständigem Papier.

Inhalt

Einleitung 9

1 Interreligiöses Lernen
1.1 Begrifflichkeiten: interkulturelles Lernen – interreligiöses Lernen – interreligiöse Kompetenz 11
1.2 Zur Situation interreligiösen Lernens in der Schule ... 17
    1.2.1 Alltäglicher Religionsplural 17
    1.2.2 Einstellungen Jugendlicher 22
    1.2.3 Curriculare Vorgaben 24
    1.2.4 Entwicklungspsychologische Aspekte 25
1.3 Zur Frage nach der Wahrheit der Religion: Exklusivismus, Inklusivismus, Pluralismus 30
1.4 Konzepte interreligiösen Lernens in der Religionsdidaktik 32
1.5 Didaktische Strukturierungen des Unterrichts 40

2 Interreligiöse Kompetenz narrativ fördern
2.1 Zur Problematik des »interreligiösen Dialogs« im Klassenzimmer 43
2.2 Begegnung in der Narration – Zur Chance des Narrativen 45
    2.2.1 Der Mensch als erzählendes Wesen 46
    2.2.2 Narrative Identität und Begegnung mit dem anderen (Ricœur) 48
    2.2.3 Die Bedeutung von Erzählungen in den Religionen 52
    2.2.4 Erzählungen und ihre didaktischen Implikationen 53

2.3 Geeignete Kinder- und Jugendbücher 57
   2.3.1 Shafique Keshavjee: Der König, der Weise
       und der Narr (1998) 57
   2.3.2 Michael Landgraf: Schalom Martin.
       Eine Begegnung mit dem Judentum (2006) 59
   2.3.3 Karlo Meyer/Barbara Janocha:
       Wie ist das mit … den Religionen (2007) 61
   2.3.4 Michael Landgraf: Salam Mirjam.
       Eine Begegnung mit dem Islam (2008) 62
   2.3.5 Mirjam Pressler: Nathan und
       seine Kinder (2008) 64
   2.3.6 Christiane Thiel: Mein Gott und ich (2009) 66

3 Praktische Umsetzung am Beispiel »Feste in den Weltreligionen«

3.1 Kompetenzen der Einheit 69
3.2 Überblick über die Feste 71
   3.3.1 Erster Zugang: Angekommen – Fremdsein 77
       3.3.1.1 Die Geschichte – Kapitel 1:
            »Der Umzug« 77
       3.3.1.2 Didaktischer Kommentar 81
   3.3.2. Zweiter Zugang: Dem Fremden begegnen 84
       3.3.2.1 Die Geschichte – Kapitel 2:
            »Muslimische Nachbarn« 84
       3.3.2.2 Didaktischer Kommentar 88
   3.3.3 Dritter Zugang: Purimfest und
       Beschneidungsfeier 90
       3.3.3.1 Die Geschichte – Kapitel 3: »Familie
            Goldberg und die unbekannten Feste« 90
       3.3.3.2 Didaktischer Kommentar 94
   3.3.4 Vierter Zugang: Ramadan und Fastenbrechen ... 95
       3.3.4.1 Die Geschichte – Kapitel 4:
            »Der erste Schultag« 95
       3.3.4.2 Didaktischer Kommentar 100

3.3.5 Fünfter Zugang: Chanukka 101
    3.3.5.1 Die Geschichte – Kapitel 5:
        »Der neunarmige Adventskranz« 101
    3.3.5.2 Didaktischer Kommentar 106
3.3.6 Sechster Zugang: Die Bilderfrage in den
verschiedenen Religionen 108
    3.3.6.1 Die Geschichte – Kapitel 6:
        »Ganz neue Begegnungen« 108
    3.3.6.2 Didaktischer Kommentar 114
3.3.7 Siebter Zugang: Das Pessach-Fest 116
    3.3.7.1 Die Geschichte – Kapitel 7:
        »Eine Reise in die Vergangenheit« 116
    3.3.7.2 Didaktischer Kommentar 119
3.3.8 Achter Zugang: Rosch ha-Schana, Jom Kippur ... 120
    3.3.8.1 Die Geschichte – Kapitel 8:
        »Ein schlechter Tag« 120
    3.3.8.2 Didaktischer Kommentar 125
3.3.9 Neunter Zugang: Ostern und das
hinduistische Holi-Fest 126
    3.3.9.1 Die Geschichte – Kapitel 9: »Alvida« ... 126
    3.3.9.2 Didaktischer Kommentar 131
3.3.10 Zehnter Zugang: Gastfreundschaft
in den Religionen 132
    3.3.10.1 Die Geschichte – Kapitel 10:
        »Rana kommt« 132
    3.3.10.2 Didaktischer Kommentar 136

Literatur 138

Einleitung

Das Fest ist der »eigentliche Ort, den Fremden kennenzulernen wie es umgekehrt für den Fremden die beste Möglichkeit bietet, uns wahrzunehmen und uns in unserer Identität kennenzulernen.«[1]

Eine Vielfalt von Religionen gehört zum Alltag in deutschen Klassenzimmern. Die Kinder, seien sie christlich, muslimisch, jüdisch oder einer anderen Religion zugehörig, sind aber kaum fundiert auskunftsfähig über ihre Glaubenstradition. Ein interreligiöser Austausch kommt selten in Gang. Oft fehlen Kenntnisse, Differenzbewusstsein und eigene Erfahrungen religiöser Rituale. Selbst einfaches Grundlagenwissen sowie die dazugehörige Basiserfahrung wiederholter Teilnahme, z. B. warum Ostern gefeiert wird und wie neben der Ostereiersuche ein solcher Festgottesdienst aussehen kann, sind nicht mehr vorhanden.

Sich über Religionen auszutauschen, dem anders religiösen Gegenüber Rede und Antwort zu stehen, ist so nicht oder nur in unbefriedigender Art und Weise möglich. Die direkte Begegnung zwischen Kindern und Jugendlichen unterschiedlicher Religionen kann deshalb nicht unbedingt alleiniges Leitprinzip interreligiösen Lernens sein und so zumindest nicht (nur) am Anfang interreligiöser Lernprozesse in der Schule stehen.

Deshalb sollen in diesem Buch narrative Formen interreligiösen Lernens vorgestellt werden. Hier steht auch die Begegnung im Leben als zentrales Prinzip des Erwerbs religiöser Kompetenz im Vordergrund. Die Begegnung ist aber eine indirekte, mittelbare, was nicht unbedingt eine weniger intensive Erfahrung sein muss. Für Kinder im Alter von 9–12 wird neben der Vorstellung geeigneter Kinder- und Jugendbücher eine fortlaufende Erzählung von drei Freundinnen als Leitmedium angeboten, um interreligiöse Kom-

---

1 Sundermeier (1999), 24.

petenz in sachlicher, kommunikativer und gestalterischer Hinsicht durch dieses Leitmedium narrativ zu unterstützen. Hier steht auch die menschliche Begegnung zwischen Peers im Zentrum der Darstellung, diese wird jedoch narrativ vermittelt und lädt auf unterschiedlichen Ebenen zur Identifikation ein. Anforderungssituationen und Handlungsimpulse entstehen so jeweils altersspezifisch aus der Situation heraus.

Dieser Ansatz wird im ersten und zweiten Kapitel knapp in der Theorie entfaltet, indem er vergleichend neben unterschiedliche Ansätze interreligiösen Lernens gestellt wird, um Vorteile, aber auch Schwierigkeiten entsprechend herauszuarbeiten. Dann wird er praktisch in einer Unterrichtseinheit für 10–15 Stunden ausgeführt, zu der jeweils eine ca. 10-minütige Erzählung mit fortlaufender Handlung und ein Vorschlag für den Stundenverlauf angeboten werden.

Die Erzählung und die praktischen Umsetzungen sind mit großem Engagement im Sommersemester 2013 im Fachpraktikum am evangelischen Gymnasium in Siegen entstanden. Die umfangreichen Materialien werden als Kopiervorlagen in meiner Publikation *Feste in den Weltreligionen. Narratives Unterrichtsmaterial für die Sekundarstufe I* veröffentlicht.

Ich danke den Fachpraktikantinnen und Fachpraktikanten Alina Wagner, Kim Larissa Dorr, Constantin Pantel, Kerstin Scheler, Lisa Unruh und Alfred Wiens für ihre kreativen Ideen, der damaligen Klasse 5c für die begeisterte Umsetzung und dem Seminar »Interreligiöses Lernen« im Wintersemester 2013/14 für die Erprobung, Korrekturen, Ausarbeitungen und Fortschreibungen. Außerdem bin ich Havva Alpaslan (Siegen) für Kritik und Anregungen von islamischer Seite und Chana Kalimi (Mainz) für die Durchsicht des jüdischen Teils in Dankbarkeit verbunden, ebenso meinen Mitarbeitern Saskia Flake, die das Format eingerichtet, und Julian Enners, der Korrektur gelesen hat. Meinen lieben Kollegen Michael Landgraf (Neustadt), Prof. Dr. Thomas Naumann (Siegen) und Prof. Dr. Karlo Meyer (Saarbrücken) bin ich für ihre konstruktiven Anmerkungen ebenfalls zu großem Dank verpflichtet.

1 Interreligiöses Lernen

1.1 Begrifflichkeiten: interkulturelles Lernen – interreligiöses Lernen – interreligiöse Kompetenz[2]

Die Begriffe »interkulturelles Lernen«, »interreligiöses Lernen« und »Förderung interreligiöser Kompetenz« werden teilweise synonym verwendet, obwohl sie durchaus differenziert zu gebrauchen sind. Differenziert werden muss hinsichtlich des Verhältnisses von Kultur und Religion und hinsichtlich der Begriffe »Lernen« und »Kompetenz«.

Mit dem Bild eines Eisbergs lässt sich das, was Kultur ausmacht, gut veranschaulichen. Will man die »Kultur« eines Menschen erschließen, gibt es viele Aspekte wie Kleidung, Sprache, Aussehen u. a., die auf den ersten Blick sichtbar sind. Kultur geht aber weit über das Sichtbare hinaus, denn, um im Bild des Eisbergs zu bleiben, der größere Teil ist unsichtbar und bleibt unter der Oberfläche verborgen. Auch hinsichtlich religiöser Aspekte, die ja einen Teil der Kultur mitbestimmen,[3] gibt es sichtbare und unsichtbare Elemente. Viele Ordensleute tragen z. B. Kleidung, die sofort deutlich macht, dass der- bzw. diejenige zu einer (bestimmten) Ordensgemeinschaft

---

2   Bernlochner (2013) verwendet bewusst den Doppelbegriff, um deutlich zu machen, dass es bei der interkulturell-interreligiösen Begegnung von Christen und Muslimen gilt, verschiedene Lebenswelten, Glaubensüberzeugungen und ethische Lebenskonzepte gleichermaßen miteinander ins Gespräch zu bringen.

3   Schambeck (2013) urteilt hier hinsichtlich des Verhältnisses von Religion und Kultur anders: »Religion wird als eigenständige, von der Kultur untrennbare, aber nicht in ihr aufgehende, sondern komplementäre Wirklichkeit aufgefasst, vergleichbar den beiden Seiten einer Medaille. Von daher gilt interreligiöses Lernen nicht als Teilbereich interkulturellen Lernens, sondern als eigenständige, gegenüber dem interkulturellen Lernen komplementäre Perspektive.«, 29. Vgl. umfassender Scheunpflug (2005); Hellmann (2000); Eckhold (2002).

gehört. Bei hinduistischen Frauen kann der »Bindi«[4], ein roter Punkt etwas oberhalb der Nase zwischen den Augenbrauen, auf ihre Religion verweisen. Ebenso kennt der Hinduismus spezifische Zeichen (Tika), die bei einer Andacht getragen werden, wie z. B. drei waagerechte Striche bei Menschen, die Shiva verehren. Das sind sichtbare Dinge. Wie allerdings der Glaube dieser Personen konkret aussieht, wie er ethisch Gestalt annimmt, welche Auswirkungen er z. b. auf die Erziehung hat, das kann man von außen nicht sehen, ist aber trotzdem ein Teil der Kultur dieser Menschen.

Interkulturelle Begegnung ereignet sich in vielen Kontexten und Lebensfeldern. Ein besonderes Lernfeld stellen Migrationsbewegungen dar. Wenn Menschen aus ihrer eigenen Kultur in ein fremdes Land wechseln, um dort zu leben, treffen unterschiedliche kulturelle Prägungen aufeinander und die Betroffenen sind genötigt, miteinander zu interagieren. Wie mit der Sprache und Kultur von Menschen aus anderen Ländern, die nun in Deutschland leben, umgegangen werden soll, zeigt sich auch in der Wahl der Begrifflichkeiten, die von den jeweiligen Bezugswissenschaften (Pädagogik, Soziologie, später auch Theologie) dafür verwendet wurden.

Als in den 1960er Jahren die erste Migrantengeneration – man dachte an vorübergehend anwesende »Gastarbeiter« – in Deutschland war, ging es im Rahmen einer sogenannten *Ausländerpädagogik* darum, grundlegende Sprachkenntnisse und Kulturtechniken zu vermitteln, quasi Defizite bei der Lebensbewältigung in einem fremden Land zu bearbeiten. Besonders die »Zweitsprachendidaktik« stand hier im Fokus. Im Blick war also nur ein sichtbarer Teil des Eisbergs, die Sprache(n) und das Verhalten z. B. beim Einkaufen, bei Gesprächen, im Amt u. a.

Auch bei der zweiten Generation sollte im Sinne einer *Assimilationspädagogik* eine Angleichung an die Kultur der Gastgeber erfolgen, um vorhandene Schwierigkeiten der kulturellen Differenz zwischen den Menschen der Herkunfts- und der Gastgeberländer aufzuarbeiten.

---

4 Normalerweise haben nur verheiratete Frauen einen roten Punkt, unverheiratete können einen schwarzen Punkt verwenden. Der Punkt wird aus einem besonderen Puder, dem Kumkum-Puder gemacht.

In der Pädagogik wuchs dann aber die Einsicht, dass Integration mehr war als die deutsche Sprache zu lernen und sich »deutsch« zu verhalten und zu kleiden – der unsichtbare Teil des Eisbergs wurde erschlossen: Die *interkulturelle Pädagogik* der 1980er und 1990er Jahre verstand nun auch, dass Integration wechselseitig erfolgen und »unter die Oberfläche« gehen musste.[5] Statt Defizitbearbeitung sollten Differenzen deutlich werden, um einen Perspektivenwechsel anzuleiten. Das kann immer nur von zwei Seiten erfolgen. So entstand der Begriff *Interkulturelles Lernen*, womit ein »wechselseitiger, ganzheitlicher, reflexiver Prozess zwischen den Angehörigen mindestens zweier verschiedener Kulturen«[6] verstanden werden sollte. »Beide Seiten versuchen, die andere und ihre eigene Kultur (ihre Sprache, Symbole, Gebräuche, Gewohnheiten, Erziehungsstile, ihre Gesetze und Religionen) zu verstehen.«[7] Diese Wechselseitigkeit einerseits und der Blick über das Sichtbare hinaus kennzeichnen den Perspektivenwechsel. Besonders schwierig sind diese Lernprozesse für (junge) Menschen, die zwei Kulturen angehören: der Kultur, aus der ihre Familiengeschichte gespeist wird, und der Kultur, in der sie sich aufhalten und in der sie leben.

Innerhalb des interkulturellen Lernens kommt nun auch das »interreligiöse Lernen« in den Blick, denn die Religion eines Menschen oder eines Volkes ist zweifellos Teil seiner Kultur. Für das Lernen über Religionen firmierte als älterer Begriff auch *Didaktik der Weltreligionen*. Hier war das Ziel, andere Religionen anhand ihrer Lehren, Traditionen und Rituale zum Gegenstand von Unterricht zu machen.

Kropač und Leimgruber (und Ziebertz) unterscheiden *ein interreligiöses Lernen im weiteren und im engeren Sinn*. Ersteres geschehe durch Medien, Lektüre, Erzählungen, letzteres nur durch die »direkte Begegnung von Angehörigen verschiedener Religio-

---

5 Vgl. Grethlein (2012), 403 f., zeigt auf, dass z. B. der Vorschlag von Klafki bei der didaktischen Frage nach den Inhalten, die durch das Obsoletwerden eines Bildungskanons entstanden war, zwar auf »epochale Schlüsselprobleme« verweise, den religiösen Bereich jedoch vollständig ausgespart habe. Erst Ende der 1990er Jahre habe er die religiöse Dimension ergänzt.
6 Leimgruber/Ziebertz (2010), 463.
7 Ebd.

nen«,⁸ in deren Zentrum der Dialog stehe. Dies nennen sie den »Königsweg«⁹ interreligiösen Lernens. Dabei wird allerdings nicht bedacht, dass eine solche Begegnung im Raum Schule durchaus auch Probleme aufwirft (siehe unten).

Durch die *Kompetenzdebatte*[10] wurde ein neuer Begriff eingeführt, die *interreligiöse Kompetenz,* mit der das Ergebnis interreligiösen Lernens beschrieben werden soll. Dieser wird je nach Konzept unterschiedlich gefüllt.

Willems ist einer der ersten, der den Begriff verwendet und inhaltlich gefüllt hat. Er unterscheidet:
1. Interreligiöse Deutungs- und Urteilskompetenz
2. Interreligiöse Partizipations- und Handlungskompetenz
3. Interreligiös relevante Kenntnisse[11]

Die *Kompetenzen und Standards für den Evangelischen Religionsunterricht* in der Sekundarstufe I profilieren ihn allerdings schon 2010 in Bezug auf die unterrichtliche Umsetzung im kompetenzorientierten Religionsunterricht besonders in der 6. und 7. Kompetenz als »interreligiöse Kompetenz«:

6. Sich mit anderen religiösen Glaubensweisen (…) begründet auseinandersetzen (…)

Die Schülerinnen und Schüler können Gemeinsamkeiten und Unterschiede im Blick auf Kirchen und Konfessionen, das Verhältnis zwischen Christentum, Judentum und Islam sowie, nach Möglichkeit, hinsichtlich weiterer Religionen benennen und ihre Bedeutung einschätzen. (…)

7. Mit Angehörigen anderer Religionen sowie mit Menschen mit anderen Weltanschauungen respektvoll kommunizieren und kooperieren.

---

8 Kropač (2006), 483; Leimgruber/Ziebertz (2010), 463.
9 Ebd.
10 Vgl. zur historischen Entwicklung und zu grundlegenden Begriffen: Zimmermann (2012a); Obst (2010).
11 Willems (2011), 168 f.

> Die Schülerinnen und Schüler können sich bei Begegnungen mit Angehörigen anderer Religionen oder mit anderen weltanschaulichen Überzeugungen tolerant, respektvoll sowie dialogisch verhalten.
>
> Die Schülerinnen und Schüler können die Forderung nach religiöser Toleranz als Folge des christlichen Glaubens begründen.[12]

Während hier schon dezidiert »interreligiöse Kompetenz« aufgegriffen wird, findet eine Applikation der grundlegenden *Kompetenzen der EPA (Einheitliche Prüfungsanforderungen für das Abitur)*, Wahrnehmungs- und Darstellungsfähigkeit, Deutungsfähigkeit, Urteilsfähigkeit und Dialogfähigkeit, auf ein spezifisch interreligiöses Thema im Kerncurriculum für das Fach Evangelische Religionslehre in der gymnasialen Oberstufe[13] beim thematischen Schwerpunkt 4 »Gott ist einer – Glauben Juden, Christen und Muslime an denselben Gott?«[14] statt.

Schon bei der Erklärung der »Urteilsfähigkeit« wird auf interreligiöse Kompetenz Bezug genommen, wenn es heißt »Gemeinsamkeiten von Konfessionen und Religionen sowie deren Unterschiede erklären und kriteriengeleitet bewerten.«[15]

Bei der »Dialogfähigkeit – am religiösen Dialog argumentierend teilnehmen« heißt es dann:

> Die Perspektive eines anderen einnehmen und in Bezug zum eigenen Standpunkt setzen.
>
> Gemeinsamkeiten von religiösen und weltanschaulichen Überzeugungen sowie Unterschiede benennen und im Blick auf mögliche Dialogpartner kommunizieren.
>
> Sich aus der Perspektive des christlichen Glaubens mit anderen religiösen und weltanschaulichen Überzeugungen argumentativ auseinandersetzen.

---

12 EKD (Hg.) (2011), 21 f.
13 Vgl. EKD (Hg.) (2010), 19 f.
14 A. a. O., 45–47.
15 A. a. O., 20.

Kriterien für eine konstruktive Begegnung, die von Verständigung, Respekt und Anerkennung von Differenz geprägt ist, in dialogischen Situationen berücksichtigen.[16]

Schambeck unterscheidet ausgehend von ihrem empirischen Material aus Interviewanalysen als Aspekte religiöser Kompetenz zwischen »Unterscheidungs- und In-Beziehung-Setzungsfähigkeit«[17] und differenziert zwischen drei Kompetenzbereichen: dem ästhetischen, dem hermeneutisch-reflexiven und dem hermeneutisch-kommunikativen.[18]

Die Kompetenzbereiche explizieren sich jeweils als Fähigkeiten und Fertigkeiten, als Haltungen und Einstellungen.

Zum ästhetischen Kompetenzbereich gehört, Unterschiede der Religionen in ihrer Ambivalenz (Bereicherung und Bedrohung) wahrzunehmen und eine Sensibilität für die Differenz zwischen Minderheits- und Mehrheitsperspektive auszubilden.

Zum hermeneutisch-reflexiven und hermeneutisch-kommunikativen Kompetenzbereich gehört, Traditionen der eigenen Religion zu kommunizieren. Das integriert die Erfahrungsdimension, die metaphysische, die ideologische, die rituelle und die kulturelle Dimension und die Fähigkeit, »die Hoffnungsbilder anderer Religionen in die eigene Sprachwelt übersetzen [zu] können und um die Unabgleichbarkeit dieser Übersetzung [zu] wissen.«[19]

Der zuletzt genannte, aber eigentlich am Anfang stehende »praktische Kompetenzbereich« umfasst wie selbstverständlich, sich auf das Fremde einzulassen, einen Perspektivenwechsel zu vollziehen, Funktionalisierungen zu beachten.

Zusammenfassend hält Schambeck als »interreligiöse Kompetenz« fest:

»die unterschiedlichen Dimensionen von eigener Religion im Angesicht der fremden Religion wahrnehmen zu lernen (ästhetische Kompetenz),

---

16 Ebd.
17 Vgl. Schambeck (2013), 176.
18 Vgl. a. a. O., 177.
19 A. a. O., 178.

diskursiv mit ihnen umgehen zu können und auskunftsfähig zu sein (hermeneutisch-reflexive und hermeneutisch-kommunikative Kompetenz) sowie Konsequenzen für das praktische Handeln und Verhalten zu ziehen (praktische Kompetenz).«[20]

Darüber hinaus werden im Rahmen dieser Differenzierung Niveaus interreligiöser Kompetenz bestimmt, bei denen zwischen unterschiedlichen Levels der Aneignung unterschieden wird:
1. Niveau: Differenz wahrnehmen,
2. Niveau: kognitive Konfigurationen aufbauen,
3. Niveau: Transformationen vollziehen.

Während auf Niveau 1 und 2 über Fähigkeiten verfügt wird und diese begründet werden können, werden auf Niveau 3 Einstellungen, Handlungen, Fertigkeiten verändert und Handlungen vollzogen.
 Die kurze Darstellung hat gezeigt, dass es verschiedene Begrifflichkeiten für die Unterstützung interreligiöser Lernprozesse gibt, in denen jeweils auch die spezifisch didaktische Art des Zugriffs auf den Umgang mit anderen und ihren Religionen deutlich wird.
 Im Folgenden soll die Situation in der Schule in Bezug auf interreligiöses Lernen dargestellt werden, um anschließend darüber nachzudenken, welche Chancen in dieser Situation ein didaktisch-methodischer Zugriff impliziert, der versucht, narrativ interreligiöse Kompetenz anzuleiten und zu fördern.

1.2 Zur Situation interreligiösen Lernens in der Schule

1.2.1 Alltäglicher Religionsplural

Im Schuljahr 2007/08 bekam ich eine 5. Klasse als Klassenlehrerin in den Fächern Deutsch und Religion zugeteilt.[21] Im Religionsunterricht fand sich eine Mehrheit von evangelischen Schülerinnen und

---

20 Ebd.
21 An dieser Schule wurde in Klasse 5 und 6 quasi »Religion für alle« interreligiös und ökumenisch unterrichtet, indem der jeweils ausgewählte Religionsfachlehrer bzw. die Religionsfachlehrerin, war dieser bzw. diese nun evangelisch oder katholisch, die gesamte Lerngruppe unterrichtete. Das ist eine durchaus nicht seltene Praxis.

Schülern, einige wenige Katholiken, drei muslimische Mädchen, je ein jesidischer und ein hinduistischer Junge, etwa fünf Konfessionslose und dazu zwei Kinder, die nicht wussten, welcher Religion sie eigentlich angehörten. Die Nationalitäten habe ich nicht gezählt, aber es waren mehr als die Anzahl an vorhandenen Religionen/Konfessionen.

Die religiöse Vielfalt bei Schülerinnen und Schülern in deutschen Klassenzimmern ist ein Phänomen, das nicht nur die Großstädte betrifft. Dennoch gibt es auch Klassen, in denen sich gar keine oder kaum Schülerinnen und Schüler mit Migrationshintergrund befinden. Blickt man auf Gesamtdeutschland und betrachtet die durchschnittlichen Zahlen, haben ein knappes Drittel[22] aller Schülerinnen und Schüler, die eine deutsche Schule besuchen, einen Migrationshintergrund und sind deshalb oft in einer anderen religiösen Tradition beheimatet, selbst wenn sie Christen sind. Der Unterschied z. B. zwischen orthodoxen Thomaschristen aus Indien und denen aus einer freikirchlichen Kirche in Brasilien ist immens, vielleicht sogar manchmal größer als der zwischen verschiedenen Religionen.

Die eingangs beschriebene Situation, aber auch die zitierten aktuellen Zahlen zeigen, dass Schule in der Konzeption interreligiösen

---

22 Vgl. Bundeszentrale für Politische Bildung (Hg. u. a.), Datenreport (2011) online unter: https://www.destatis.de (Zugriff am 12.06.2014). 2011 hatten 15,96 Mio. der insgesamt 81,75 Mio. Einwohner in Deutschland einen Migrationshintergrund. Der Anteil der Personen mit engerem Migrationshintergrund an der Gesamtbevölkerung lag im Jahr 2011 bei 19,5 %, 2005 betrug er noch 17,9 % (9,5 % davon waren Ausländer). Zu dieser Bevölkerungsgruppe zählen im Mikrozensus alle seit 1950 nach Deutschland Zugewanderten und alle im Inland mit fremder Staatsangehörigkeit Geborenen sowie die hier geborenen Deutschen, die mit zumindest einem Elternteil im selben Haushalt leben, der zugewandert ist oder als Ausländer in Deutschland geboren wurde. Dieser Anstieg speist sich aus zwei Quellen: Von 2005 bis 2011 ist die Bevölkerung mit Migrationshintergrund durch Zuzug und Geburten um 1,18 Mio. angewachsen, der Anteil der Kinder aus Familien mit Migrationshintergrund und damit oft mit anderen Religionen wird in Schulen somit weiterhin zunehmen. Zahlen des Statistischen Bundesamtes, die sich auf den Mikrozensus 2011 beziehen, belegen, dass von 11.326.000 Schülerinnen und Schülern 3.244.000 einen Migrationshintergrund als Ausländer oder eingebürgerte Deutsche haben, das sind ca. 29 % der Bevölkerung. Davon haben die meisten einen islamischen Hintergrund.

Lernens diese Multireligiosität berücksichtigen muss. Selbst wenn in vielen Bundesländern die Teilnehmerinnen und Teilnehmer am evangelischen Religionsunterricht vielfach noch mehrheitlich evangelisch sein mögen, ändert sich das in den der Religionsstunde folgenden Unterrichtsstunden automatisch. Schule hat einen Sozialisations-, Enkulturations- und Personifikationsauftrag, dafür muss die kulturelle und religiöse Differenz der Schülerinnen und Schüler auch und gerade im Religionsunterricht beachtet werden.

Wenn man in den Schulen beobachtet, wie türkische Schülerinnen und Schüler ihre Cliquen bilden, wie sich russische Gruppen zusammentun und wie viele griechische Kinder immer noch auf spezielle griechische Schulen gehen, in denen es dann auch orthodoxen Religionsunterricht gibt, zeigt sich, dass ein Teil der Kultur durch Religion geprägt wird.

Im Datenreport 2013 wurde die Einstellung Deutscher gegenüber in Deutschland lebenden Ausländerinnen und Ausländern z. B. durch folgendes Statement abgefragt, dem die Befragten zustimmen bzw. es ablehnen sollten: »Die in Deutschland lebenden Ausländer sollten ihren Lebensstil ein bisschen besser an den der Deutschen anpassen.« 73 % der West- bzw. 79 % der Ostdeutschen stimmten zu, 15 % bzw. 13 % waren unentschieden und 12 % bzw. 8 % lehnten dies ab. In der Gruppe der 18–39-Jährigen waren es 64 % bzw. 72 %, bei der über 60 Jahre 84 % bzw. 86 %. Bei den Fragen, ob Ausländerinnen und Ausländer in ihre Heimat geschickt werden sollten, wenn die Arbeit knapp wird, oder ob sie unter sich heiraten sollten, zeigte sich mit 13 % bzw. 22 % und 8 % bzw. 16 % glücklicherweise wenig Zustimmung.[23]

Ebenfalls wurden 2012 einige Fragen zu den Einstellungen der Deutschen gegenüber dem Islam beziehungsweise den Muslimen als der größten nicht-christlichen Gruppe in Deutschland erhoben: Lediglich 16 % der West- bzw. 11 % der Ostdeutschen bejahen, dass der Islam in die Deutsche Gesellschaft passt, 44 % bzw. 56 % sind der Meinung, dass die Anwesenheit von Muslimen in Deutschland

---

23 Vgl. Bundeszentrale für politische Bildung (Hg. u. a.), Datenreport (2013), 206 f. Online unter: https://www.destatis.de (Zugriff am 12.06.2014).

zu Konflikten führt.[24] Zahlen, die hinsichtlich ihres gesellschaftlichen Sprengstoffs gerade Pädagoginnen und Pädagogen an Schulen wachrütteln sollten.

Den Bau von Moscheen befürwortet fast die Hälfte der Westdeutschen (46 %), aber nur ein gutes Viertel (27 %) der Ostdeutschen.[25]

Interessant ist auch die folgende Tabelle, die die Einstellung der Deutschen zu Islam- bzw. Religionsunterricht zeigt. Hier gibt es deutliche Unterschiede zwischen der Zustimmung zum Religionsbzw. Islamunterricht in Ost- (23 % bzw. 16 %) und Westdeutschland (28 % bzw. 46 %), der aber auch dadurch zu erklären ist, dass 62 % der Ostdeutschen grundsätzlich dafür plädierten, keinen (konfessionellen) Religionsunterricht an Schulen anzubieten.[26]

Vergleicht man die Zahlen der Jahre 1996, 2002 und 2012 ist der Rückhalt der Bevölkerung für Islamunterricht nach einem Anstieg bis 2002 wieder leicht gesunken, der Prozentsatz der grundsätzlichen Gegnerinnen und Gegner ist in etwa gleich geblieben (Westdeutschland) bzw. hat sogar abgenommen (Ostdeutschland).

An staatlichen Schulen in Deutschland sollte es geben	1996		2002		2012	
	West-deutsch-land	Ost-deutsch-land	West-deutsch-land	Ost-deutsch-land	West-deutsch-land	Ost-deutsch-land
Auch Islam-unterricht	39	12	48	21	46	16
Nur christ-lichen Religions-unterricht	35	22	28	23	28	23
Überhaupt keinen Religions-unterricht	27	67	24	56	26	62

Abb. 1: Einstellung zum Religions- bzw. Islamunterricht 1996, 2002 und 2012 (in %)

---

24 Vgl. a. a. O., 207 f.
25 Vgl. a. a. O., 208.
26 Vgl. a. a. O., 209.

Die soziale Distanz zu Angehörigen verschiedener Konfessionen und Religionen wurde ebenfalls erhoben. Hierzu wurden die Befragten gebeten, auf einer Skala von −3 (sehr unangenehm) bis + 3 (sehr angenehm) anzugeben, wie sie es empfinden würden, wenn ein Angehöriger aus der evangelischen, der katholischen Kirche, ein Muslim, ein Jude oder ein Atheist in die Familie einheiraten würde. Hier zeigte sich, dass eine Tendenz zu einer islam- bzw. muslimfeindlichen Haltung vorzufinden ist, denn 54 % der Ostdeutschen (41 % der Westdeutschen) gaben an, dass es ihnen (sehr) unangenehm wäre, wenn ein Muslim in die eigene Familie einheiraten würde (bei Katholiken 10 % bzw. 4 %; Protestanten 10 % bzw. 5 %; Juden 28 % bzw. 25 %; Atheist 9 % bzw. 18 %).[27]

Auch im Schulalltag, wenn im Zusammenhang mit kulturellen Abgrenzungsbemühungen Differenz gesucht wird, werden oft religiöse Aspekte herangezogen. Wollen wir nicht in dem von Huntington[28] als Schreckensbild skizzierten »clash of civilization« enden, der die Begegnung der Religionen und Kulturen (vor allem mit dem Islam) als konfliktträchtige und gefährliche Zukunft an die Wand malt, müssen wir die Rolle der Religionen etwa im Sinne von Küngs Projekt »Weltethos« im Religionsunterricht fruchtbar machen. Seine Maxime »kein Friede unter den Nationen ohne Frieden unter den Religionen« und »kein Friede unter den Religionen ohne Dialog zwischen den Religionen«[29] gibt hier die Richtung vor. So soll nach Küng im Bereich der Religionen aus unterschiedlichen Weltanschauungen ein gemeinsames Konzept ethischen Handelns entstehen, das verbindliche ethische Leitlinien erarbeitet und umsetzt. Ausgehend von der goldenen Regel geht es um eine »Kultur der Gewaltlosigkeit«, dem Prinzip einer »Ehrfurcht vor allem Leben« zu folgen, in »Wahrhaftigkeit« und Anerkennung der »Gleichberechtigung zwischen Mann und Frau« eine »Kultur der Solidarität und Toleranz«[30] zu leben und auch für eine »gerechte Wirtschaftsordnung« einzu-

---
27 Ebd, die erste Prozentangabe steht für West, die zweite für Ostdeutschland.
28 Vgl. Huntington (2002).
29 Küng (2002), 9.
30 Ebd., kritisiert wurde bei Küng, dass er das Spezifische der Religionen zu Gunsten der Suche nach dem übergreifend Gültigen vernachlässigt habe.

treten. So sollen Menschen aus verschiedenen Religionen und Kulturen in einem gemeinsamen Ethos gut und friedlich miteinander auskommen.

Die Idee, durch eine Basiserzählung eine solche intentionale, friedliche Beziehung zwischen Jugendlichen aus unterschiedlichen Religionen im Sinne Küngs zumindest in Ansätzen darzustellen und damit zu arbeiten, nimmt dieses Ideal auf. Angesichts eines leider oft zu findenden Desinteresses an dem anderen, an dessen Kultur und Religion, wird in der dargestellten Leiterzählung ein solches positives Gegenbild entworfen: Die Situation einer multikulturellen und multireligiösen Klasse wird aufgegriffen, es entsteht aber gerade eine Freundschaft über die Kultur- und Religionsgrenzen hinweg, die auftauchende Probleme nicht verschweigt, sondern konstruktiv bearbeitet.

1.2.2 Einstellungen Jugendlicher

Obwohl dem Thema »Weltreligionen« in den letzten zehn Jahren oberste Priorität in der religionspädagogischen Bearbeitung eingeräumt wird,[31] zielen wenige Studien auf die Wahrnehmung anderer Religionen durch Jugendliche. Weder die Shell-Jugendstudien (2000, 2002, 2006, 2010) noch der Religionsmonitor oder die Sinus-Milieustudien bearbeiten das Thema zentral fokussiert. Nur wenige Fragen zielen auf die interreligiöse Wahrnehmung. Die Jugendlichen, die in der Mehrheit eine positive Einschätzung gesellschaftlicher Pluralität zeigen, erklären auch zur Vielfalt der Religionen, dass der Religionsplural in ihrer Umgebung etwas Selbstverständliches geworden sei. Sie sind größtenteils der Meinung, dass alle Religionen gleichwertig sind und gestehen der christlichen Religion nicht die höchste Autorität zu.[32]

Schon in einer Untersuchung von Bucher[33] aus dem Jahr 2000 geben 44 % der Schülerinnen und Schüler an, dass »andere Religionen« ein wichtiges Thema (im Religionsunterricht) sein sollten.

---

31 Vgl. auch die Kompetenzen der EKD (Hg.) Sek I (2011) und Sek II (2010), bei denen interreligiöse Kompetenz immer eine wichtige Rolle spielt.
32 Vgl. Ziebertz/Kalbheim/Riegel (2003), 98.
33 Vgl. Bucher (2000).

Schambeck zitiert verschiedene weitere Untersuchungen vor allem bei Berufsschülern, die »eine deutliche Neigung Jugendlicher zum Thema Weltreligionen«[34] zeigen. Aus einer eigenen qualitativen Studie folgert sie, was für das Konzept einer narrativen Förderung interreligiöser Kompetenz zentral ist: »Gerade das Desinteresse an inhaltlichen Fragen und konsistenten, systematischen Lehrgebäuden, aber auch der hohe Stellenwert, der authentischen religiösen Persönlichkeiten zuerkannt wird, verdeutlicht, dass den biographisch ansetzenden und narrativ verfahrenden Ansätzen große Bedeutung zukommt.«[35]

Aus meiner persönlichen Erfahrung ist die direkte Begegnung einer positiven Beziehung nicht immer nur zuträglich: Da erfüllt z. B. ein konservativer Imam, der seine Moschee zeigt, alle Vorurteile der eifernden Selbstgerechtigkeit, da bestimmen drei muslimische Schülerinnen, die nicht am Schwimmunterricht und auch an keiner Klassenfahrt teilnehmen dürfen, und die zwei völlig zurückgezogenen und devoten hinduistischen Mütter den »heimlichen Lehrplan« *Islam bzw. Hinduismus und die Frauen,* da erklären sich zwei Väter bereit, über ihren Islam Auskunft zu geben, dieser stimmt aber in manchen Teilen überhaupt nicht mit Lehrbuchwissen überein und die Drohung mit Hölle und Verdammnis bestätigt hier viele Vorbehalte.

Dieser Erfahrung kann zwar reflexiv entgegnet werden, die Erfahrungsebene wirkt allerdings meist stärker, so dass der Versuch unternommen werden soll, der mitunter »gefährlichen« und irritierenden Realerfahrung eine narrative Erfahrung entgegenzusetzen.

Warum sich m. E. gerade das Thema »Feste« für die Förderung interreligiöser Kompetenz anbietet, wurde schon der Einleitung vorangestellt:

Das Fest ist der »eigentliche Ort, den Fremden kennenzulernen wie es umgekehrt für den Fremden die beste Möglichkeit bietet, uns wahrzunehmen und uns in unserer Identität kennenzulernen.«[36]

Natürlich ist hier das reale Fest gemeint, zu dem ich als Besucher oder Besucherin eingeladen bin, an dem ich teilnehmen darf,

---

34 Schambeck (2013), 48 f.
35 Schambeck (2011); zitiert nach Schambeck (2013), 52.
36 Sundermeier (1999), 24.

bei dem es Farben, Formen, Gerüche, Rituale zu erleben gilt. Aber vieles davon kann auch narrativ angeleitet und erfahrungsorientiert unterrichtlich aufbereitet werden.

1.2.3 Curriculare Vorgaben

In kaum einem Lehrplan der Sekundarstufe I aller Schulformen finden sich keine Bezüge zum Thema christliche, muslimische oder jüdische Feste. So heißt es im Lehrplan NRW für die Klassen 5/6 zum Lernbereich »Religiöse Phänomene in Alltag und Kultur«:

Die Schülerinnen und Schüler
identifizieren und unterscheiden innerhalb des Jahreskreises christliche, jüdische und muslimische Feiertage,
beschreiben und unterscheiden die jeweiligen Gotteshäuser der abrahamitischen Religionen,
identifizieren religiöse Rituale im Lebenslauf eines Christen bzw. einer Christin als Lebensbegleitung und Lebenshilfe und vergleichen sie mit denen anderer Religionen.[37]

In den Bildungsstandards Baden-Württemberg wird für die gleiche Klassenstufe unter der Dimension »Religionen und Weltanschauungen« Folgendes verbindlich als »outcome« festgelegt, dort heißt es:

Die Schülerinnen und Schüler können Feste, Rituale und Symbole jüdischen Glaubens und Lebens beschreiben.[38]

Zuletzt sei exemplarisch der Lehrplan Niedersachsen angeführt, in dem in den Kompetenzbereichen »Kirche und Kirchen«, »Das Judentum entdecken«, »Den Islam kennenlernen« jeweils auf »Feste« verwiesen wird:

---

37 Lehrplan Gesamtschule NRW, 24.
38 Lehrplan Gymnasium SekI/SekII BW, 28.

Die Schülerinnen und Schüler
»Beschreiben kirchliche Feste im Lebenslauf«,[39]
»Erläutern die Bedeutung jüdischer Feste«,[40]
kennen »zentrale Inhalte des islamischen Glaubens und Lebens«.[41]

Auch im Lernort Schulleben wird auf die Chance von Festen verwiesen,[42] wobei dann im Blick sein muss, dass jedes Fest auf die unmittelbare Lebensführung (Essen, Kommunizieren, Tanzen, Rituale u. a.) und damit auch auf religiöse Aspekte bezogen ist. In einem solchen »Lernort« zeigt sich das Fest als ein sehr geeigneter Ort, die fremde Religion über Musik, Wort, Essen u. a. zu erfahren.

1.2.4 Entwicklungspsychologische Aspekte

Streib beschreibt im Gefolge von Fowlers[43] *faith development theory* und den Arbeiten von Selman[44] und seines eigenen Modells religiöser *Styles*[45], Stadien oder, korrekter ausgedrückt, Stile unterschiedlicher Verhandlungen zu interreligiösen Themen, die auch Stile von Fremdheit und Vertrautheit inkludieren. Diese in der Tabelle dargestellte Abfolge will er jedoch nicht als Stufenfolge im Sinne einer strukturgenetischen Entwicklungsabfolge verstanden wissen, sondern als »stets verfügbare Stile, für deren Aktualisierung Faktoren wie funktionale Erwartungen und Bedürfnisse und situative Bedingungen eine entscheidende Rolle spielen.«[46] Dennoch implizieren die Stile interreligiöser Verhandlung auch präskriptive Aspekte interreligiösen Lernens. »Der jeweils höhere Stil zeigt eine Entwicklungsmöglichkeit auf, ein Fortschreiten zu einem je angemesseneren Stil interreligiöser Verhandlungen, der situativ erfolgen kann.«[47]

---

39 Lehrplan Gymnasium Sek I NI, 29.
40 A. a. O., 32.
41 A. a. O., 33.
42 Vgl. Grethlein (2012), 412–414.
43 Vgl. Fowler (1981).
44 Vgl. Selman (1980).
45 Vgl. Streib (2005a).
46 Streib (2005b), 236.
47 Vgl. ebd.

1. *Xenophobisch-monoreligiöser Stil* der interreligiösen Verhandlung: Anwendung verbaler/nonverbaler Gewalt, um Zustimmung zur eigenen Religion zu erreichen.
2. *Imperialistisch-monoreligiöser Stil,* der Überlegenheit behauptet
3. Harmoniesuchend – *implizit multireligiöser Stil,* der sich durch die Suche nach Harmonie oder durch konventionsgeleitete Abwehr der fremden Religion auszeichnet.
4. *Explizit multireligiöser Stil,* der in Sorge um die eigene Identität entweder Abgrenzung oder Assimilation sucht. Die Fremdheit wird als Andersheit interpretiert.
5. Der *interreligiös dialogische Stil,* bei dem die Unbegreiflichkeit der Fremdreligion Anstöße zur Selbstkritik gibt und das Fremde in jeder Religion (auch der eigenen) als Herausforderung gesehen wird.

Der Stachel des Fremden soll also nicht entfernt werden, sondern Fremdheitserfahrungen sollen beachtet und hinsichtlich ihres produktiven Potenzials entfaltet werden. Praktisch führt Streib das folgendermaßen aus:

»Aus der Arbeit an Texten, aus Diskussionsrunden, am besten jedoch aus Geschichten sollten gute Gründe für einen gelungenen Dialog, für den argumentativ vertretenen Religionsvergleich, für Toleranz oder für eine vorurteilsarme interreligiöse Begegnung vor Augen stehen, damit diese Möglichkeiten dann auch ergriffen werden. Denken ist Probehandeln. Dabei können auch Beispiele, die Probleme und Schwierigkeiten interreligiöser Kommunikation aufzeigen, oder gar ausgesprochene Dilemmageschichten durchaus produktiv sein.«[48]

---

48 Streib (2005b), 240.

Zur Situation interreligiösen Lernens in der Schule

Religiöse Stile (Streib 2005b)	Stile der inter-religiösen Verhandlung	Stile der Fremdbegegnung	Stile der Vertrautheit
Dialogisch	*Inter-religiös/ dialogisch* Perspektivenwechsel, in dem die fremde Religion als Geschenk gesehen wird, das unbegreiflich ist, nicht objektiviert werden kann und darf, jedoch Anstöße zur Selbstkritik gibt.	*Fremdheit als Widerstand und Herausforderung* Fremdheit der fremden (und der eigenen) Religion als Herausforderung, als Neugierde erweckender Widerstand, der einen ›Mehrwert‹ bietet.	*Vertautheit als Selbstheit* Vertrautheit als Bewusstsein des ›Selbst als ein Anderer‹ (Ricœur 1996). Befremdungserfahrungen auch gegenüber der eigenen Religion.
Individuierend-systemisch	*Explizit multireligiös* Entweder »hart«-pluralistische Abgrenzung (wegen Inkompatibilität) oder (partielle) reflexive Assimilation der fremden Religion. Die Sorge um die eigene Identität steht im Mittelpunkt.	*Fremdheit als Andersheit* Interpretation der Fremdheit der fremden Religion als Andersheit, als Objekt reflexiver Assimilation oder Abgrenzung.	*Vertrautheit als Identität* Vertrautheit als reflektierte Identifizierung mit der eigenen Religion und selektive Identifizierung der fremden Religion mit der eigenen Religion.
Mutuell	*Implizit multireligiös* Entweder »weich«-pluralistische Suche nach Harmonie (Schönwetter-Kollaboration) mit der anderen Religion oder konventionsgeleitete Abwehr der fremden Religion.	*Fremdheit als Dissonanz* Konventionelles, implizites Gefühl der Fremdheit gegenüber der anderen Religion, worauf mit Abwehr, Harmonisierung oder Exotismus reagiert wird.	*Vertrautheit als Resonanz* Vertrautheit als Resonanz mit der anderen Religion – bei unerschütterlichem Festhalten an der Religion der eigenen Gruppe.

Religiöse Stile (Streib 2005b)	Stile der inter-religiösen Verhandlung	Stile der Fremd-begegnung	Stile der Vertrautheit
Instrumentell-reziprok / ›Do-ut-des‹	*Imperialistisch mono-religiös* Inklusive oder exklusive Behauptung der Überlegenheit der eigenen Religion.	*Fremdheit als xeno-polemische Furcht* Erfahrung von und Reaktion auf Fremdheit der anderen Religion in xeno-polemischer Furcht.	*Vertrautheit als unreflektierter Egozentrismus* und egozentrische Unterdrückung von Alternativen zur eigenen Religion.
Subjektiv	*Xenophobisch mono-religiös* Verbale Einbahn-Direktiven (oder gar nonverbale Gewalt), um Zustimmung zur eigenen Religion zu erreichen.	*Fremdheit als xenophobische Angst* Die fremde Religion, wie überhaupt alles Fremde, löst xenophobische Angst aus. Folgen: blinde Aggression oder Flucht.	*Vertrautheit als egozentrische Alternativlosigkeit* ›Blinde‹ egozentrische Vertrautheit mit der eigenen Religion.

Abb. 2: Streib, Religiöse Stile

Zur Verdeutlichung hilft festzustellen, dass Streib eben durchaus von »höheren Stilen« spricht, die Entwicklungsmöglichkeiten anbieten. Somit ist pädagogisch intendiert, dass Gewaltanwendung (Stil 1) bzw. überhaupt die Behauptung der Überlegenheit der eigenen Religion (Stil 2) zu überwinden sind. Aber auch die Suche nach Harmonie (Stil 3) kann nicht das Ziel interreligiösen Lernens[49] sein, sondern soll ersetzt werden durch einen Stil der Fremdenbegegnung, bei der die Fremdheit als Andersheit zum Ausgangspunkt reflexiver(!), wechselseitiger Assimilation oder Abgrenzung genommen

---

49 Streib verweist am Anfang seines Beitrags auf die Studie von Feige u. a., Religion bei ReligionslehrerInnen (2000), 224 f., nach der 60 % der Lehrenden »in den Vordergrund stellen, was den Religionen gemeinsam ist«, 40 % lehnen es als Ziel ihres Religionsunterrichts ab, »bestehende Unterschiede zwischen den Religionen und Konfessionen deutlich aufzuzeigen.«

wird (Stil 4). Den »Königsweg« markiert in seiner Matrix der interreligiös dialogische Stil, der den Perspektivenwechsel ermöglicht, der wiederum auf die Begegnung mit der eigenen Religion rückwirkt und selbstkritische Wirkung hat (Stil 5). Die Hierarchie des Umgangs mit Fremdheitserfahrungen, die religiöses Lernen immer impliziert, verweist also auf:

»Entwicklungsmöglichkeiten [...]. Das Modell zeichnet so weit die Entwicklung zur Toleranz, besonders zur reflexiv gestalteten, als durchaus wünschbaren Entwicklungs- und Lernfortschritt, um dann immer noch eine weitere wünschbare Entwicklungsmöglichkeit aufzuzeigen: den Dialog.«[50]

Diese Entwicklung bedeute aber auf keinen Fall, dass Fremdheit minimiert oder Gegensätze kleingeredet werden, deshalb nennt er das Modell »eine Wegskizze der Kultivierung von Fremdheit.«[51] Für Lehrerinnen und Lehrer sei wichtig, dass die Stile des Umgangs bekannt sein müssen, sonst könnten diese nicht beschritten und angeeignet werden.[52]

Streib beschreibt auch methodisch Wege interreligiöser Lernprozesse: »Be-Fremdung zuzulassen, zu kommunizieren, zu reflektieren.«[53]

Diese von ihm geforderten »fruchtbaren Erfahrungen« zu inszenieren und zu begleiten, kann im Sinne geplanten Handelns gut in narrativer Bearbeitung erfolgen, um Streib selbst zu zitieren »am besten jedoch aus Geschichten«, denn »Denken ist Probehandeln«![54]

---

50 Streib (2005b), 238.
51 A. a. O., 239.
52 Vgl. a. a. O., 240.
53 Ebd.
54 Ebd.

1.3 Zur Frage nach der Wahrheit der Religion: Exklusivismus, Inklusivismus, Pluralismus

Wird Religionsunterricht zum Thema »Interreligiöses Lernen« geplant, ist eine maßgebliche Vorentscheidung, wie das Christentum sich hinsichtlich seines Wahrheitsanspruchs zu anderen Religionen in Beziehung setzt. Hier seien knapp die drei bekannten und zentralen Modelle *Exklusivismus, Inklusivismus, Pluralismus* erläutert, mit denen jeweils religionsdidaktisch appliziert umgegangen werden muss.[55]

Geht man davon aus, dass es nur in einer bestimmten Religion oder aufgrund eines bestimmten Glaubens eine berechtigte Hoffnung auf Heil gibt, spricht man von *Exklusivismus*: Das Heil ist exklusiv für die Mitglieder dieser Gruppe bestimmt. Kriterium kann die Zugehörigkeit zu einer bestimmten Religion, zu einer Kirche (ekklesialer bzw. ekklesiologischer Exklusivismus, z. B. »Nulla salus extra ecclesiam« – kein Heil außerhalb der Kirche) oder zu einer Glaubensaussage sein.[56] Dass auf dieser Grundlage ein Dialog schwer durchzuführen ist, ist selbsterklärend.

Die *inklusivistische Position* vertritt zwar auch, dass es Heil in und durch Christus gibt, allerdings können Angehörige anderer Religionen inklusiv zum Heil gelangen, denn alle Menschen sind auf den christlichen Glauben hin geordnet. Das bedeutet, Gott kann sie so auf »Wegen, die er kennt, zum Glauben führen.«[57]

Deutlich wird, dass diese Wege dennoch nicht gleichwertig sind: Der des bekennenden Christen ist deutlich sichtbar, den, auf dem die Angehörigen anderer Religionen gehen können, kennt nur Gott.

Seit den 1990er Jahren bestimmt nun ein eher pluralistisches Modell die christliche Religionstheologie. Angestoßen wurde es von Hick, der durch interreligiöse Begegnung die Einsicht erlangte, dass

---

55 Vgl. Leimgruber (2007), 40–58.
56 Leimgruber bezieht sich hier auf den frühen Barth, wonach allein der Glaube an Christus Heil gewährt (christozentrischer Exklusivismus); Leimgruber/ Ziebertz (2010), 465.
57 Ad gentes, Art. 7. Seit dem Zweiten Vatikanischen Konzil wird diese inklusivistische Position von der katholischen Kirche vertreten.

»in allen Religionen im Wesentlichen dasselbe geschehe, nämlich dass sich Menschen einer höheren Wirklichkeit öffnen. Die Menschen kennen diese höhere Wirklichkeit als personalen, guten, gerechten und sie liebenden Gott, der ihnen zugleich Liebe zum Nächsten gebietet.«[58]

Nach diesem Modell sind alle Religionen gleichwertige Wege zum Heil, die Universalität des göttlichen Heilswillens zeigt sich in einer Vielfalt möglicher Heilswege. Man spricht auch vom »*theozentrischen Pluralismus*«, denn Gott ist transzendent und keine Religion hat das Recht, Gott für sich einzunehmen und zu erklären, allein die Verwalterin der Offenbarung Gottes auf Erden zu sein.

Während dieses letzte Modell, wie die Diskussion mit Studierenden zeigt, aktuell das »politisch korrekte« zu sein scheint, sollte besonders im Rahmen der Binnenkommunikation deutlich gemacht werden, dass es als überzeugter Christ bzw. überzeugte Christin schwer möglich ist, alle Wege zum Heil als für mich persönlich gleichwertig anzusehen. Eine gleichwertige Betrachtung der Heilswege ist auch schwierig mit den neutestamentlichen Befunden zu vereinbaren.

Mein Recht ist es aber auch nicht, im interreligiösen Dialog andere Wege abzuwerten und als nicht »heilsfähig« zu diffamieren. Deshalb müsste im Rahmen dieser Unterscheidung eigentlich grundsätzlich immer zwischen einer Innen- und einer kommunikativen Außenperspektive differenziert werden. Doedens formuliert das in Bezug auf den Hamburger Religionsunterricht treffend: Ein interreligiöser Dialog geschieht auf der Grundlage, dass jede Religion »von der Unbedingtheit der Gotteserfahrung in der jeweils eigenen Religion ausgeht und redet, daraus aber keine Begrenzung der Heilswirksamkeit ableitet.«[59]

---

58 Leimgruber (2007), 52.
59 Doedens (2002), 85.

1.4 Konzepte interreligiösen Lernens in der Religionsdidaktik

Bereits Comenius berücksichtigte in seinem 1685 präsentierten Schulbuch »Orbis sensualium pictus« (»Die sichtbare Welt in Bildern«) Bilder und Informationen zu anderen Religionen. Dort finden sich je ein Kapitel zum Judentum und eines zum »Mahometismus/dem Mohametischen Glaube«, in denen für Comenius Wichtiges zum Judentum, zum Islam und zur Person Mohammeds dargestellt wird.

Zum Judentum heißt es hier im Anschluss an folgendes Bild als visuelle Darstellung der sichtbaren Welt des Judentums:

Abb. 3: Amos Comenius: Darstellung des Judentums in Bildern

Doch ist der rechte Dienst des wahre Gottes verbliebe bey den Erzvätern, die gelebet vor un nach der Sündflut. Unter diesen ist dem Abraham, dem Urheber der Juden und Vater aller Gläubige verheissen worden, der Weibes Same der Welt Heiland; und Er, abgefodert von de Henden samt seinen Nachkommen, mit de Sacrament der Beschneidung bezeichnet (2), hat ein sonderbares Volk un Kirche Gottes gestifftet. Diesem Volk hat nachmals Gott durch Mose (3) auf dem Berg Sinai (4) sein Gesetze, geschrieben mit seine Finger auf steinerne Tafeln (5) gegeben. Ferner hat er verordnet dz Essen des Osterlams (6) und die Opfer auf dem Altar (7) zu opffern durch die Priester (8) und Rauchwerke (9) und hat lassen machen die Stifftshütte (10) mit der Bundeslade (11) über das aufrichten die ehrne Schlange (12) wider den Biß d'Schlangen in d'Wüsten. Welches alles Vorbilder waren des künfftigen Messias, auf welchen die Juden annoch warten.[60]

Comenius entfaltet hier, dem Thema »Das Heidentum« mit Berücksichtigung der römischen und griechischen Gottheiten nachgeordnet und dem Thema »Das Christentum« vorgeordnet, in chronologischer Reihenfolge die Behandlung der Religion des Judentums in Erklärung einfacher Bilder, die das Wesen der jeweiligen Religion zum Ausdruck bringen. Dabei werden Abraham, Gott als Heiland, die Beschneidung, Mose, der Berg Sinai, die Gesetzestafeln, das Essen des Lammes, das Opfer am Altar, der Priester, Rauchopfer, die Stiftshütte die Bundeslade und die Schlange als Druck in sechs Bildern dargestellt und in dem oben abgedruckten Text in lateinischer und deutscher Sprache erklärt.

Ähnliches findet sich zum Islam, den Comenius Mahometismus bzw. der Mahometische Glaube nennt, ihm allerdings nur ein Bild widmet:

Abb. 4: Amos Comenius: Darstellung des Islams in Bildern

---

60 Comenius (1985), 296–297.

Dazu schreibt er:

Mahomet (1), ein Kriegsmann, erdachte ihm eine neue Religion, zusammengemischt aus dem Judenthum, Christenthum und Heidenthum, mit Raht eines Juden (2) un Arianische Monchen, Nahmens Sergius (3), vorgebend, wann er die fallende Sucht hatte, es rede mit ihm der Erzengel Gabriel, und der heilige Geist, indem er gewöhnte eine Taube (4), daß sie aus seinem Ohr Speise holete. Seine Nachfolger enthalten sich des Weins, lassen sich beschneiden, haben viel Weiber, bauen Kirchlein (5) von deren Thürmlein sie nicht durch die Glocken sondern durch de Priester (6) zum Gottesdienst beruffen werden, sie waschen sich offt (7), verläugnen die Hochh Dreneinigkeit, ehren Christum, nicht als eine Sohn Gottes, sondern als einen grossen Propheten, doch kleiner als Mahomet, ihr Gesetze nennen sie Alcoran.[61]

Auch hier wird quasi eine Kurzgeschichte im Bild in Szene gesetzt. Man sieht Mohammed mit einer Taube am Ohr, den schreibenden Mönch und den Juden, die Moschee und das Minarett durch das Fenster ebenso wie die Plätze für die rituellen Waschungen. Comenius versuchte so, die trockene Information visualisiert mit Leben zu füllen und damit auch Anlass zum Lernen und zur Wiederholung zu geben.

Abb. 5: Unterrichtsmaterial aus den 1970er Jahren

Im christlichen Religionsunterricht kam allerdings das Thema »Weltreligionen« erst in den 1970er Jahren in den Blick. Das Lehrerheft aus dem Jahr 1973 titelt entsprechend abwertend, aber schon in Anführungszeichen »Die ›Heiden‹ und wir. Weltreligionen«[62] Als Lernziel wird auch hier schon formuliert »Der Schüler soll befähigt werden, Vorurteile gegenüber ›Heiden‹ abzubauen und mit dem Begriff ›Heide‹

---

61 A.a.O., 302 f.
62 Koep (unter Mitarbeit von Ackermann, u. a.) (1973).

richtige Inhalte zu verbinden.«[63] Ansonsten steht im Zentrum dieses Unterrichtsmodells »Grundkenntnis der nichtchristlichen Weltreligionen [zu] vermitteln.«[64]

Tworuschka und Zilleßen,[65] aber auch Halbfas machten sich für diesen eher religionskundlichen Ansatz stark. Wurde anfangs versucht, Grundinformationen zu den Weltreligionen vergleichend[66] zum Christentum zusammenzustellen und damit eigentlich Abgrenzung bewirkt, stand bei den oben genannten Autoren bei der Präsentation von Religionen in deren Geschichte, den Gebräuchen und Ritualen von Beginn an das Verbindende im Vordergrund.

Für Halbfas war es wichtig, die Religionen durch *authentische Quellentexte* zu Wort kommen zu lassen. Ziel war für ihn, die Wahrheit jeder Religion und deren Heilscharakter aufzuspüren. Dadurch, so Halbfas, wären die Schülerinnen und Schüler auch in der Lage, die eigene Tradition besser zu verstehen. Das Lernen in diesen eher *religionskundlichen Ansätzen* fand überwiegend durch die Auseinandersetzung mit Texten statt, hatte aber die Herausforderung des Eigenen durch das Fremde schon im Blick.

Erst in den 1990er Jahren erfolgte, angestoßen durch Rickers und Lähnemann und fortgeführt durch Leimgruber, dann eine Öffnung über die Texte hinaus zu einem »Begegnungslernen«. Fremde Religionen sollten durch authentische Begegnungen, den Besuch der je eigenen religiös belebten Räume, das Mitfeiern von Festen und die Teilnahme an Riten erschlossen werden. Die Bedeutung eines Dialogs der Religionen kam auch im Gefolge Küngs ins Bewusstsein der Religionspädagogik, denn in den globalen Herausforderungen, bei der Friedens-, Gerechtigkeits- und Umweltfrage, seien besonders die Religionen in ihrer Verantwortung gefragt.[67] Die Autoren grenzen sich hinsichtlich ihrer theologischen Position vom Bekehrungsmodell/Missionsmodell und dem Neutralitätsmodell ab und vertreten ein Dialogmodell, bei dem das Evangelium im Dialog mit

---

63 A.a.O., 7.
64 A.a.O., 13.
65 Vgl. Tworuschka/Zilleßen (1977).
66 Vgl. Angermeyer/Renzig-Hombrecht/Hust (1975).
67 Vgl. Lähnemann (1996), 49–53.

anderen Religionen zu verantworten und für diese offenzulegen ist. Als Gesamtziel des christlichen Religionsunterrichts hält Lähnemann fest:

»die Schülerinnen und Schüler für eine Situation der Begegnung auszurüsten, die nicht von Vorurteilsbarrieren belastet ist, in der vielmehr ein Hören aufeinander und ein Lernen voneinander möglich werden, die zur Entgrenzung und Bereicherung der Lebenshorizonte auf den verschiedenen Seiten führen.«[68]

Dafür weist er Ziele aus im Bereich
- der Kenntnisse (kognitiv), wie Wissen zu Lehren und Lebensformen, religiösen Grunderfahrungen, Situation der Anhänger, Fähigkeit zum Vergleich u. a.,
- der Einstellungen (affektiv), wie Lernbereitschaft, Verständigungsbereitschaft, Wahrnehmung von Vor-Urteilen, Toleranz, Bedeutung der eigenen Anschauungen, Bereitschaft zur Zusammenarbeit mit Angehörigen nichtchristlicher Religionen für gemeinsame Belange u. a.
- und der Ziele im Bereich der Handlungsmöglichkeiten (pragmatisch), wie offen und verständigungsbereit auftreten, Verständnis für die Fremdheit, Engagement für die Verbesserung der sozialen Eingliederung der Mitglieder anderer Religionen, eigene religiöse Grundhaltung verantwortet vertreten können, die eigene Glaubensgemeinschaft zu gemeinsamem Handeln zu mobilisieren.[69]

Betrachtet man diese umfassenden Lernzielbereiche, kann man die Kritik von Meyer und Schambeck nicht unbedingt nachvollziehen, dass Lähnemanns Ansatz eine Stofforientierung auszeichne, der es nur um eine inhaltlich sachangemessene und authentische Darstellung der (Fremd-)Religion gehe. Die Subjekte des Lernens würden dabei übersehen und die persönliche Auseinandersetzung komme zu kurz.[70]

---
68 Lähnemann (1997), 444.
69 Vgl. a. a. O., 445 f.
70 Vgl. Meyer (2012), 81; Schambeck (2013), 66.

Dabei soll der Unterricht im Rahmen eines solchen *Begegnungslernens* vier Entgrenzungen erfahren, die zum Teil gerade auch eine persönliche Auseinandersetzung fördern:
1. die Entgrenzung des ganz überwiegend kognitiven Zugangs zu den Weltreligionen hin zu einer auch emotionalen und praktischen Begegnung,
2. die altersmäßige Entgrenzung, so dass das Thema Weltreligionen schon in Grundschule, Sekundarstufe I und Elementarerziehung zur Geltung kommt,
3. die Entgrenzung von der »Betrachtung religiöser Lehren und Erscheinungsformen hin zu einer kontextuellen Beschäftigung, die Geschichte, Kultur, verschiedene Erscheinungsformen, auch die soziale und politische Dimension einbezieht«[71],
4. die Bemühung um authentische Information und die Einbeziehung von Andersgläubigen als direkte Gesprächspartner. Damit meint Lähnemann neben Mitschülerinnen und Mitschülern auch offizielle Vertreterinnen und Vertreter und Besuche in Synagogen, Moscheen und buddhistischen Zentren.[72]

Da direkte Begegnung sich im Unterricht vielerorts nicht unmittelbar realisieren lässt, entwirft Meyer seit Ende der 90er Jahre eine Konzeption, die Jugendliche verschiedene Religionen medial zu Worte kommen lässt. Ausgangspunkt sind dabei Dialoginitiativen u. a. in Hannover und Hildesheim, aus denen heraus mit Kindern und Jugendliche Projekte durchgeführt wurden. In diesen gründen dann Bildmaterial und Interviews für einen Unterricht, der keine direkte Begegnung ermöglichen kann. Dabei liegen der Konzeption vier Punkte zu Grunde:
- »Beobachten, Forschen und tieferes Nachfragen lernen Schülerinnen und Schüler weniger an lexikalischen Überblicken als an einzelnen exemplarischen Phänomenen. …
- Religion ist etwas, was nicht nur äußerlich vollzogen wird, sondern eine innere Schicht des Menschen anspricht. … Diese inneren Bezüge sind erste Brücken, …

---
71 Lähnemann (1997), 447.
72 Vgl. ebd.

- Fremde Religion bleibt etwas Fremdes. Sie geht nicht einfach in das eigene Verstehen auf, ... [es ist daher] der Illusion [zu wehren], als könnte man das Fremde mit ein paar Informationen einordnen und ›abklären‹.
- Religion ist keine Abstraktion ..., sondern wird von Menschen im Alter der Schülerinnen und Schüler hier und heute ausgeübt. ... Religion [ist] ... Ausdruck menschlichen Lebens und damit so vielfältig wie die Menschen.«[73]

Bei der unmittelbaren Begegnung setzt das sogenannte *Hamburger Modell* an, eine Organisationsform, die Weiße für Hamburg vertritt. Da in Hamburg der Anteil an Menschen mit unterschiedlichen Nationalitäten, Kulturen und Religionen noch höher ist als im bundesdeutschen Vergleich, Kinder und Jugendliche also mit unterschiedlichen Religionen zusammen lernen, muss die Begegnung zwischen deren Angehörigen nicht aufwändig inszeniert werden, sondern ist unmittelbar gegeben, wenn man den Religionsunterricht nicht konfessionell bzw. nach Religionen trennt.

Das Hamburger Modell »Religionsunterricht für alle in evangelischer Verantwortung« kann als Sonderweg von Art. 7,3 GG interpretiert werden. Denn inhaltlich wurde und wird er zumindest in zweiter Instanz vom »Gesprächskreis Interreligiöser Religionsunterricht« mitbestimmt. An diesem beteiligen sich seit über 20 Jahren evangelische Christen (die katholische Kirchen nimmt nicht teil), Buddhisten, Juden, Anhänger der Bahai-Religion, Muslime und Aleviten, die sich alle in seine pädagogische und theologische Ausrichtung eingebracht haben. Verantwortet wird der Unterricht »in Übereinstimmung mit den Religionsgemeinschaften«, was hier in der »Gemischten Kommission Schule/Kirche« realisiert wird.[74]

Der Hamburger Ansatz will aber kein bekenntnisfreies Fach sein, der Lehrende hat ein evangelisches Bekenntnis, die Schülerinnen und Schüler sollen überzeugt ihre eigenen religiösen Traditionen

---

73 Meyer (2008), 10.
74 Diese Kommission wird besetzt von Vertreterinnen und Vertretern der Behörde für Bildung und der evangelischen Kirche in Hamburg. Vgl. Doedens/Weiße (2007), 52.

und Überzeugungen einbringen – es soll nicht über, sondern von den Religionen gelernt werden, so dass inhaltlich die Menschen mit ihrer spezifischen Religion, der Dialog untereinander und die Suche und Vertiefung der religiösen Identität im Vordergrund stehen.

Eine weitere Entgrenzung nicht hinsichtlich der Organisationsform des Religionsunterrichts, sondern hinsichtlich der Begrenzung interreligiösen Lernens auf ein bestimmtes Thema oder Fach nimmt für die letzte Dekade interreligiösen Lernens Leimgruber vor: Interreligiöses Lernen ist relevant für die Gesamtheit der Lehr- und Lernprozesse und weder auf ein Fach noch auf ein Thema begrenzbar. Leimgruber reflektiert und erkennt die religionskundliche Phase an, setzt sich jetzt aber für ein »personales, direktes und dialogisches Begegnungslernen«[75] ein. Für ihn ist die Kernfrage interkulturellen und interreligiösen Lernens der Umgang mit dem Fremden, bei dem es wichtig sei, Fremdheit zu erkennen und zu verstehen und die Provokation des Eigenen durch das Fremde in gutes Handeln zu überführen.[76]

Wie schon oben erwähnt, gilt für Leimgruber die Begegnung mit anderen Religionsvertreterinnen und -vertretern und mit authentischen Zeugnissen der Religionen als Königsweg interreligiösen Lernens. So würden die Beteiligten nicht bei der Fremdheit stehenbleiben, sondern sich ansprechen und verändern lassen. Interreligiöses Lernen ist dabei eng mit interkulturellem Lernen vernetzt, deshalb differenziert er auch zwischen einer interreligiös ästhetischen Kompetenz, einer interreligiös inhaltlichen, anamnetischen und einer interreligiösen Frage- und Ausdrucksfähigkeit, Kommunikationsfähigkeit und Handlungskompetenz.[77]

Die Annäherung erfolgt in vergleichender Betrachtung vom Bekannten zum Unbekannten und vom Eigenen zum Fremden, um an Gemeinsamkeiten zu lernen und Differenzen zu achten.

Als Phasen interreligiösen Lernens beschreibt er
- fremde Personen und Zeugnisse wahrnehmen lernen,
- religiöse Phänomene deuten,
- durch Begegnung lernen,

---

75 Leimgruber (2007), 112.
76 Vgl. a. a. O., 59–61.
77 Vgl. a. a. O., 99 f.

- die bleibende Fremdheit respektieren,
- in eine existenzielle Auseinandersetzung verwickeln.[78]

Darüber hinaus benennt er besondere Herausforderungen wie z. B. in Bezug auf das Judentum eine differenzierte Wahrnehmung der jüdischen Schriften im Vergleich zum Alten Testament, die Bedeutung von Jesus,[79] in Bezug auf den Islam das Gottesbild, das Offenbarungsverständnis, die Heiligkeit der Schriften, die Bedeutung von Jesus, das Erziehungsverständnis.[80]

Deutlich wird aus der zitierten Liste, dass es Leimgruber darum geht, sowohl authentische Zeugnisse der Religionen wahrzunehmen als auch diese in ihrer Beziehung zum Christentum darzustellen. Dabei werden Schwierigkeiten im Dialog, Aspekte der Fremdheit und des zu erwartenden Unverständnisses auf beiden Seiten nicht ausgespart.

1.5 Didaktische Strukturierungen des Unterrichts

Im Rahmen vorliegender unterrichtlicher Modelle zur Behandlung von Fremdreligionen im Religionsunterricht finden sich verschiedene Typen[81], die hier nach der Häufigkeit des Vorkommens behandelt werden.
1. Der *lehrgangsorientierte Grundtyp,* bei dem jeweils wesentliche Aspekte der Fremdreligion in sinnvoller Progression erschlossen werden. Als Leitmotiv wird z. B. die Erschließung über Kinder verschiedener Religionen integriert, zentral ist aber, verschiedene Aspekte wie Gebetshaus, zentrale Texte, Glaubensbekenntnisse, Riten und Rituale u. a. lehrgangsmäßig zu bearbeiten und damit mögliche Wege der progressiven und vergleichenden Erschließung anzubieten.[82]

---

78 A. a. O., 108 f.
79 A. a. O., 136–139.
80 A. a. O., 190–221, Ähnliches findet sich auch zum Judentum.
81 Diese Sammlung ist die Erweiterung einer Liste, die mir seit meinem Referendariat ohne Quellenangabe vorliegt. Leider habe ich diese bis heute nicht gefunden.
82 Vgl. Meyer (2006).

2. Der *themenorientierte didaktische Grundtyp,* bei dem jeweils Themen gewählt werden wie Gott, Frieden, Gerechtigkeit, Tod, Feste, die dann die Struktur der Erschließung unterschiedlichster Bereiche der eigenen und der Fremdreligion strukturell vergleichend behandeln.[83]
3. Der *bibelorientierte didaktische Grundtyp,* der an biblischen Texten verdeutlicht, dass schon die biblische Tradition durch Abgrenzung und Anpassung bestimmt ist. Diese Erkenntnis wird auf die Situation der Religion heute übertragen.
4. Der *religionswissenschaftlich orientierte didaktische Grundtyp,* der das »Wesen der Religion« entfaltet und die jeweiligen Funktionen von Religion wie Welterklärungsfunktion, psychische Funktion, ethische Funktion, gesellschaftliche und Emanzipationsfunktion u. a. in ihren unterschiedlichen Ausprägungen in Christentum, Islam, Judentum, Hinduismus u. a. behandelt.[84]
5. Der *entwicklungspsychologische Grundtyp,* der versucht, je individuelle Stile der Fremdenbegegnung in der Klasse festzustellen und davon ausgehend förderliche und problematische Zugänge differenziert. In diesem Sinne stellt Streib in seiner xenosophischen Religionsdidaktik verschiedene empirisch ermittelte Stile interreligiöser Verhandlungen vor und entwickelt daraus ein Lernprogramm mit dem Ziel, Fremdheit zu kultivieren, diese zuzulassen und dennoch einen Perspektivenwechsel anzubahnen.[85]
6. In dem hier gewählten und unten ausführlich dargestellten *narrativen interreligiösen Zugang* wird das Medium der Erzählung zum zentralen Ort des Lernens. Narrativ inszenierte Begegnungen von Protagonisten mit verschiedenen Religionen dienen als Ausgangspunkt, anhand derer durchaus auch Stile interreligiöser Verhandlung aufgenommen, entfaltet und unterrichtlich nutzbar gemacht werden. Im gewählten Fokus dient das Erleben von Festen im Sinne eines problemorientierten didaktischen Grund-

---

83 Vgl. Sieg (2003).
84 Vgl. Herrmann/Löffler (2007), allerdings ohne grundlegende Funktionen von Religion zu Beginn explizit zu erläutern.
85 Vgl. Streib (2005).

typs als Basis, um viele wichtige Aspekte der Religionen zugänglich zu machen, was Analogien zum lehrgangsorientierten Typ aufkommen lässt. So kann eine Basiserzählung ihr produktives Potenzial in verschiedener Richtung anbieten.[86]

---

86 Vgl. z. B. Meyer (2007).

2 Interreligiöse Kompetenz narrativ fördern

2.1 Zur Problematik des »interreligiösen Dialogs« im Klassenzimmer

Immer wieder wurde und wird der direkte Kontakt zwischen Menschen unterschiedlicher Religionen als der »Königsweg« des interreligiösen Lernens gepriesen.[87] Hierbei werden allerdings ideale Kommunikationsbedingungen vorausgesetzt, wie sie im Schulalltag praktisch nicht vorkommen. In mehrfacher Hinsicht erscheint mir das Ideal des »interreligiösen Lernens durch direkte Begegnung« im Klassenzimmer problematisch.
1. Schon der Begriff »inter-religiös« ist im Blick auf die Rahmenbedingungen des Religionsunterrichts nicht präzise. Das »inter« (zwischen) legt die Gleichberechtigung der Gesprächspartner nahe. Diese Voraussetzung eines Dialogs mit einem gleichberechtigten Kommunikationspartner kann aber im Religionsunterricht nicht als Regelfall vorausgesetzt werden. Denn einerseits ist der Religionsunterricht nach GG Art. 7,3 allein durch die Leitung eines Religionslehrers oder einer Religionslehrerin stark konfessionell geprägt und asymmetrisch ausgerichtet (Alter, Rolle, Bildung u. a.). Andererseits sind die Mitglieder anderer Religionsgemeinschaften im Regelfall nicht Teil des je eigenen Religionsunterrichts, stehen also als gleichwertige (Alter, Wissen u. a.) Kommunikationspartnerinnen und -partner nicht zur Verfügung, wenn der Religionsunterricht nicht z. B. nach dem Hamburger

---

87 Vgl. Leimgruber (2007), 101–104. Leimgruber führt die Begegnung als »Königsweg« interreligiösen Lernens aus, beschreibt aber auch umfassend unterschiedliche Konzepte innerhalb bisheriger Konzeptionen (a. a. O. 59–73) und neuere didaktische Ansätze wie »Komparative Didaktik«, »Multi-faith Approach«, »Performativer Religionsunterricht«, Anamnetisches Lernen, Ästhetisches Lernen, Biografisches Lernen u. a. (a. a. O. 73–82), bei denen die narrative Begegnung allerdings nicht eigens aufgeführt wird.

Modell organisiert ist oder, wie im eigenen Beispiel oben, als ökumenischer bzw. interreligiöser Religionsunterricht aus organisationstechnischen Gründen erteilt wird. Aber selbst hier sind die christlichen Mitglieder in der Überzahl, helfen sich dabei, das kollektive Wissen über ihre Religion zusammenzutragen, während ein einzelner dagegen u. U. schlecht auskunftsfähig erscheint.

2. Außerdem können Begegnungen insbesondere mit Jugendlichen anderer Religionen auch scheitern, sei es, dass diese oder auch die christlichen Jugendlichen nicht auskunftswillig, sei es, dass sie nicht auskunftsfähig sind. In meiner Schulerfahrung konnte ich feststellen, dass die interreligiösen Begegnungen von Kindern und Jugendlichen oftmals durch andere Konflikte aufgeladen sind und damit stellvertretend geführt werden. Wenn soziale und migrationsbedingte Probleme dann aber religiös konnotiert werden, kann der initiierte Dialog sogar kontraproduktive Folgen haben, indem Vorurteile verstärkt werden und im schlimmsten Fall sogar erst entstehen.

3. Nicht selten haben Kinder und Jugendliche mit Immigrationshintergrund ein gebrochenes Verhältnis zur eigenen kulturellen und religiösen Tradition. In ihrer Suche nach neuer Identität im Zwischenraum der Kulturen kann es zu einer bewussten Abkehr von der eigenen kulturellen und religiösen Prägung der Eltern und Großeltern kommen. Oder aber die Migrationsproblematik führt umgekehrt zu einer Stärkung konservativer Kräfte besonders im Bereich von Religion. In beiden Fällen verzerren Kinder und Jugendliche die Darstellung ihrer Religion, wenn sie in die Rolle des Repräsentanten gedrängt werden, ohne selbst schon ihren religiösen Standpunkt gefunden zu haben. Vielerorts haben zum Beispiel auch muslimische Kinder und Jugendliche schlichtweg relativ geringe Kenntnisse von ihrer Religion.

4. Die nur didaktisch initiierte Begegnung mit Menschen anderer Religionen, sei es z. B. beim Besuch einer Moschee oder einer Synagoge oder bei der Einladung eines Imams, eines buddhistischen Mönches u. a. in den Religionsunterricht, kann auch keine symmetrische Kommunikation ermöglichen; noch weniger reicht dieser punktuelle Kontakt aus, um miteinander und voneinander zu lernen. Es ist auch keineswegs garantiert, dass die Menschen,

die konkret bei solchen Begegnungen auftreten, eine werbende und positive Grundhaltung der anderen Religion vermitteln. Wenn aber konkrete Begegnungen negative Effekte zeigen, ist es kaum noch für die Lehrkraft möglich, diese »Erfahrungen« mit Worten und Texten zu entkräften.
5. Auch der Vorschlag von Grethlein, die Feier im Lernort Schulleben in »pluralismustheoretischer Perspektive« (verdeutlicht an einer Einschulungsfeier) als einen Ort zu profilieren, an dem der Religionsunterricht die Herausforderungen des Pluralismus und der Individualisierung ernst nimmt, kann keine Lösung sein. Denn wer solche Feste erlebt hat, weiß, dass es dort meist um organisatorische Abläufe geht und selten ein inhaltlich persönliches und noch weniger ein religiöses Gespräch möglich ist. Das Postulat, dass auf solchen »Erlebnissen« der Religionsunterricht aufbauen könne, auf dem »Fundament gemeinsamer Erfahrungen, von dem her dann die Differenzen als bereichernde und nicht segregierende in den Blick kommen können«[88], deutet eher auf praxisfernen Idealismus hin.

Fazit: Die Rahmenbedingungen des Religionsunterrichts machen es praktisch unmöglich, dass die Forderung nach interreligiösem Lernen durch unmittelbaren Kontakt mit Menschen anderer Religionen eingeholt werden kann. Es bedarf deshalb einer Form der Auseinandersetzung, die zwar die Lebensnähe und Konkretion der erforderlichen Begegnungen einholt, aber nicht durch die Widrigkeiten der Alltagsmühen überlagert oder verhindert wird.

2.2 Begegnung in der Narration – Zur Chance des Narrativen

Die Idee eines narrativen interreligiösen Lernens geht von der These aus, dass Erzählungen einerseits Wirklichkeitsreflexionen darstellen, bei denen Plot und Protagonisten Konkretion und Lebensnähe ermöglichen, andererseits aber in ihrer Fiktionalität idealisierte Reduktionen sind. Für Koschorke ist die Reduktion eine der elemen-

---

88 Grethlein (2012), 414.

taren Operationen im Erzählvorgang: »nur ein kleinster Bruchteil von Vorgängen in der Welt [ist] erzählbar beziehungsweise erzählenswert.«[89] Diese Beobachtung ist didaktisch wertvoll. Denn in der Form der Erzählung wird eine Welt handhabbar, die sich gemessen an der Vielfalt und Komplexität der Lebensvorgänge einem unmittelbaren Zugriff entzieht. Die mediale Reduktion ist jedoch nur die eine Seite der Medaille. Die sprachliche Unvollständigkeit und Ergänzungsbedürftigkeit eröffnet zugleich einen Raum der stellvertretenden Teilhabe des Rezipienten. »Wie jede sprachliche Information nimmt das Erzählen stillschweigend auf einen Fundus an sensorischen und praktischen Erfahrungen Bezug; es muss in vieler Hinsicht ein unartikuliertes Vorwissen aufrufen können, wenn es sich seinem Adressaten erfolgreich mitteilen will.«[90]

Man könnte sagen: Die Erzählung greift ins Leben, aber zugleich distanziert sie sich davon. Sie lädt ein, in einen literarisch reduzierten Lebens- und Kommunikationsraum einzutreten, der aber auch wieder verlassen werden kann. So ermöglicht sie stellvertretende Erfahrungen. Es ist gerade diese produktive Spannung aus »Näheerzeugung« und »Distanzgewinn«, die die Erzählung zu einem einzigartigen Lernraum werden lässt.[91] Dass sich die Erzählung darüber hinaus auch noch als ein bevorzugtes Medium für das interreligiöse Lernen eignet, hängt an den Funktionen einer Erzählung bei der Organisation von kulturellem Gedächtnis, kollektiver Kommunikation und narrativer Identität, wie sie in religiösen Gemeinschaften in nahezu exemplarischer Weise anzutreffen sind. Dies soll im Folgenden näher erläutert werden.

2.2.1 Der Mensch als erzählendes Wesen

Der Mensch kann als »homo narrans« beschrieben werden, wie es in Philosophie, Literatur- oder Kulturwissenschaften immer wieder getan wurde.[92] Denn Erzählbarkeit ist keine äußere Form der Kommunika-

---

89 Koschorke (2012), 28.
90 Ebd.
91 Vgl. dazu Koschorke (2012), 38–43.
92 Der Begriff »homo narrans« geht auf den amerikanischen Kommunikationswissenschaftler Walter Fisher zurück, vgl. Fisher (1987), XI; der Sache nach findet er sich aber auch schon bei MacIntyre (1984) bzw. in der nar-

tion über Sein und Welt, sondern ein Wesensmerkmal der menschlichen Identität, der Mensch kann mit MacIntyre sogar als »storytelling animal«[93] definiert werden. Dies gilt hinsichtlich seiner individuellen wie auch kollektiven Identität. Man kann das Leben eines Menschen als dynamisches »Gewebe erzählter Geschichten« beschreiben. Die Erfahrungen, die einen Menschen prägen, bilden seine Lebensgeschichte. Diese setzt sich aus vielen Einzelgeschichten zusammen, die nur durch erinnerte Erzählung zugänglich und lebendig bleiben.[94]

Doch schon die individuelle Identität basiert nicht nur auf Erzählungen über eigene Erlebnisse. Sie greift auf Fremderzählungen der Familienangehörigen (z. B. über die eigene Geburt) zurück, die wiederum in identitätsstiftenden Geschichten der Familientradition (z. B. über Flucht und Vertreibung) eingebettet sind und somit auf die größere Erzählgemeinschaft verweisen. Soziale Bezugssysteme werden besonders durch gemeinsame Basisnarrative strukturiert, bis hin zu den fundierenden großen »Meistererzählungen«, die die verschiedenen Kulturen und Religionen auszeichnen.

Die Lebensgeschichte(n) des einzelnen bleibt bzw. bleiben somit eng verwoben mit den gemeinschaftstragenden Erzählungen, die kollektive und kulturelle Identität erzeugen. »The story of my life is always embedded in the story of those communities from which I derive my identity«.[95] Deshalb werden Menschen auch über Erzählungen in der Kultur, in der sie leben, beheimatet, weil sie sich erzählend vergegenwärtigen, was wichtig ist, kommuniziert und erinnert zu werden. Erzählungen sind die bevorzugten Speichermedien des »kulturellen Gedächtnisses«[96].

---

    rativen Anthropologie von Wilhelm Schapp, der 1953 den Menschen als »in Geschichten verstrickt« beschreibt, vgl. Schapp (2012); vgl. zuletzt auch Koschorke (2012), 9–13 (zum homo narrans).
93 MacIntyre (1984), 216.
94 MacIntyre geht von einer nur als Erzählung erzeugten Einheit der Identität aus, vgl. MacIntyre (1984), 203: »The answer is that its unity is the unity of a narrative embodied in a single life«.
95 MacIntyre (1984), 205.
96 Assmann (2013); Koschorke spricht in Aufnahme von Assmann von der »Schlüsselrolle des Erzählens in der Formung kultureller Gedächtnisbestände«, vgl. Koschorke (2012), 215; mit Blick auf Religion und Erzählerinnerung auch Assmann (2004), 124–145.

2.2.2 Narrative Identität und Begegnung mit dem anderen (Ricœur)

Das Ineinander von vorangehenden Erzählungen und der eigenen Identität wurde von Ricœur in besonderer Weise reflektiert und zu einem hermeneutischen Konzept der »narrativen Identität«[97] ausgebaut. In seiner dreibändigen Erzähltheorie »Temps et Récit« (Zeit und Erzählung) wird die Interaktion zwischen Leser und Erzählung als ein dreifacher mimetischer Prozess beschrieben.[98] Ausgangs- und Angelpunkt des hermeneutischen Prozesses ist dabei Mimesis II (configuration), die die Welt einer dichterischen Komposition erschließt und begründet. Sie ist aber insbesondere durch die Zwischenstellung zwischen Mimesis I (préfiguration) und Mimesis III (refiguration) gekennzeichnet. Ricœur möchte zeigen, dass »die *mimesis* II ihre Sinnstruktur ihrer Vermittlungsfähigkeit verdankt, die darin besteht, vom Vorher zum Nachher des Textes zu führen und durch ihr Gestaltungsvermögen das Vorher zum Nachher zu verklären.«[99] Ungeachtet der Verschmelzung der Zeithorizonte, die Ricœur hier im Blick hat, können wir aufnehmen, dass ein Erzähltext eine Vorgeschichte, eine Vorgestaltung, ein Vorwissen voraussetzt, den er z. B. in Form eines Erzählschemas, aber auch als Komplex von Wahrnehmungen und Affekten in die Erzählung einbringt.[100] Im Vorgang der *refiguration* vollzieht ein Rezipient allerdings einen Prozess der »Neugestaltung« in der Rezeption des Werkes sowie in der Neukonstitution seiner eigenen Identität in Auseinandersetzung mit einem Werk. Verstehen vollzieht sich für Ricœur deshalb nicht darin, dass man einem Text seine eigene begrenzte Verstehensmöglichkeit aufzwingt, sondern vielmehr, dass die Auseinandersetzung mit einem Text zu einer Verstehensveränderung des eigenen Selbst- und Weltentwurfs führen kann.[101] Über den geschlossenen Charakter der Erzählung und die Identität der Erzählfigur konstituiert sich also für Ricœur die narra-

---
97 Ricœur (2005).
98 Vgl. Ricœur (1988–1991); besonders Bd. 1, 87–122.
99 Ricœur (1988), 88.
100 Ricœur spricht auch von »pränarrativen Erfahrungen«, vgl. Ricœur (1988), 118.
101 Vgl. auch Ricœur (1974a), 33.

tive Identität des Rezipienten im Akt des Lesens.[102] Dabei sind zwei Aspekte für ihn zentral: Das Selbst des Rezipienten »erkennt sich nicht unmittelbar, sondern nur indirekt, über den Umweg über verschiedene kulturelle Zeichen […]. Die narrative Vermittlung unterstreicht so den bemerkenswerten Charakter der Selbsterkenntnis als einer Selbstauslegung.«[103] Die Aneignung bzw. Abgrenzung von der Identität der fiktiven Figur durch den Leser ermöglicht es, dass dieser sich selbst erzählerisch interpretiert, dass sich das Ich des Lesers selbst als ein »figuriertes Ich erweist, ein Ich, das sich so oder so figuriert.«[104] Der Prozess der Auseinandersetzung mit literarischen Figuren schärft – Ricœur würde sogar sagen: ermöglicht erst – die eigene Identitätsbildung.

Doch dieser Prozess ist nicht eine naive Übernahme literarischer Präfigurationen. Ricœur ist zweitens daran gelegen, dass die Aneignung der Identität der Erzählfigur zugleich eine »Enteignung« des eigenen Selbst- und Weltentwurfs darstellt. »Sich eine Figur durch Identifikation aneignen bedeutet, sich selbst dem Spiel imaginativer Variationen unterwerfen, die so zu imaginativen Variationen des Selbst werden. Durch dieses Spiel bestätigt sich das berühmte Wort von Rimbaud […]: *Ich ist ein anderer.*«[105] Der durch das Lesen einer Erzählung evozierte Prozess der narrativen Identitätsbildung bewegt sich folglich auf dem Grat zwischen Aneignung und Enteignung. Wer sich auf die Erzählung, ihre Figuren und ihre Welt einlässt, wird selbst in sie hineingezogen und ist auf verdeckte Weise »Mitspieler« des Szenarios. Auf diese Weise verändert die Lektüre die eigene Weltsicht, führt zu einem neuen Standpunkt, nicht nur sich selbst, sondern letztlich auch anderen gegenüber.

Für Ricœur ist die Selbstgestaltung über den Akt des Lesens zugleich ein Prozess der Verfremdung. Das »Ich« wird als »ein anderer« refiguriert. Der Leser tritt in den Zwischenraum eines

---

102 Dieser Weg wird im Aufsatz zur »narrativen Identität« expliziert, vgl. Ricœur (2005), 211–221.
103 Ricœur (2005), 222.
104 Ebd.
105 Ricœur (2005), 222 f. Das Rimbaud-Zitat ist auch titelgebend für die »Selbst-Reflexion« bei Ricœur (1996): »Soi-même comme un autre« (Das Selbst als ein Anderer).

Feldes der Selbst- und Fremdbegegnung, das in besonderer Weise auch als Lernfeld für den interkulturellen Dialog dienen kann. Während Lévinas die absolute Andersheit des Anderen als eine Infragestellung und Krise des »Denkens des Selben« beschrieben hat[106], sucht Ricœur nach einer Brücke zwischen dem Selbst und dem Anderen, die er in der Literatur findet. »Erzählen [...] bedeutet einen imaginären Raum von Gedankenexperimenten ausbreiten, in denen das moralische Urteil im hypothetischen Modus durchexerziert wird.«[107]

Nach Waldow wird die Erzählung bei Ricœur somit auch zu einem Ort des Erfahrungsaustauschs mit anderen. »Die Erzählung hat also die Aufgabe, Erfahrungen mitteilbar zu machen und in eine vorläufige narrative Einheit zu überführen.«[108] Es sei – so Waldow – gerade der Erfahrungsaustausch, der zugleich eine enge Verbindung von Ethik und Narration herbeiführe. Die durch Erzählungen evozierte Ethik könne somit zur »Begegnung mit Anderen« führen.[109] »Nicht nur das Subjekt wird durch die Erfahrung mit der Erzählung in Frage gestellt und konstituiert sich neu, auch das moralische Urteil wird zur Disposition gestellt. [...] So tradiert die Erzählung kulturellen Sinn und ethische Wertsetzungen, indem sie diese sinnlich erfahrbar macht.«[110]

Waldow zeigt anhand neuerer Literatur, wie Erzählungen Strategien entwickeln, »um den Anderen in seinen vielfältigen Erscheinungsformen und Ausprägungen im Text einen Raum geben zu

---

106 Vgl. Lévinas (1999), 219: »Die Beziehung zum Anderen stellt mich in Frage, sie leert mich von mir selbst; sie leert mich unaufhörlich, indem sie mir so unaufhörlich neue Quellen entdeckt. [...] Die Infragestellung des Selbst ist nichts anderes als das Empfangen des absolut Anderen. Die Epiphanie des absolut Anderen ist Antlitz, in dem der Andere mich anruft und mir durch seine Nacktheit, durch seine Not, eine Anordnung zu verstehen gibt.«; vgl. die luzide Darstellung von Levinas hinsichtlich seiner sprachlichen »Begegnung mit dem Anderen« in Waldow (2013), 90–136.
107 Ricœur (1974b), 46.
108 Waldow (2013), 191 sowie den gesamten Abschnitt »1.6.3. Erzählen als Erfahrungsaustausch«, a. a. O., 189–196.
109 So Titel und Rahmenthema der gesamten Studie von Waldow (2013).
110 Waldow (2013), 190 mit Bezug auf Ricœur.

können und sich für dessen Anerkennung einzusetzen.«[111] Auf einer literarischen Ebene werde dem Ausgeschlossenen, dem absolut Anderen Präsenz im Diskurs verliehen. Aber zugleich werde das lesende Subjekt – ähnlich wie bei Ricœur – auf einen Weg der Selbstreflexion und -konstitution geführt. »Gerade weil das Subjekt um seine Grenzen weiß, nimmt es diese Positionierung im Diskurs nicht alleine vor, sondern im Austausch mit dem Anderen, der das gleiche Schicksal teilt wie es selbst. Für ihn legt es nicht nur Rechenschaft ab, sondern erkennt ihn auch in seiner absoluten Andersheit an. Es beginnt ein produktiver Erfahrungsaustausch, der beide Subjekte verändert aus dem Gespräch hervorgehen lässt […]. Identität erweist sich damit als etwas zutiefst Soziales.«[112]

Versuchen wir diese philosophisch-literaturwissenschaftlichen Überlegungen auf das interreligiöse Lernen durch Erzählung herunterzubrechen: Die Erzählung ist eine idealisierte Reduktion von Lebenswirklichkeit. Sie ermöglicht es, Handlungsfiguren erstehen zu lassen, die zu idealisierten Vertretern ihrer Religion werden, ohne aber – z. B. in der Gestalt von Kindern – Lebensnähe zu verlieren. Die Handlungsfiguren, ihre Begegnungen etc. sind planbar, Krisen, die natürlich auch hier vorkommen, eskalieren nicht und werden nicht durch sekundäre Konflikte überlagert. Die Erzählung lädt ein, in diesen »geschlossenen« Erfahrungsraum einzutreten, mit den Protagonisten mitzuleben, mitzuempfinden, mitzudenken. Das lesende Subjekt wird dabei herausgefordert, sich selbst mit anderen Positionen auseinanderzusetzen. Narrative Identität entsteht dabei gerade in einem produktiven Wechselspiel zwischen Aneignung und Enteignung. Indem erzählte Kinder der eigenen oder fremden Religion Identifikationsangebote darstellen, fördern sie den Prozess der Identitätsbildung. Dieser wird aber – folgt man den Einsichten von Ricœur und Waldow – nicht ein Prozess der Selbstbehauptung und Abgrenzung sein, sondern ein Prozess, der die Begegnung mit anderen ermöglicht, weil man sich narrativ selbst auch als »anderer« erfährt.

---

111 Waldow (2013), 370.
112 Waldow (2013), 371.

2.2.3 Die Bedeutung von Erzählungen in den Religionen

Dass nun das Medium des Erzählens nicht nur einen Lernprozess der Fremdenbegegnung eröffnen kann, sondern explizit auch für das *interreligiöse* Lernen tauglich ist, hat auch einen Grund in der Bedeutung von Erzählungen für die Religionen selbst. Erzählungen sind – wie wir gesehen haben – identitätsstiftende und kulturtragende Medien. Sie spielen auch in Religionen eine zentrale Rolle, wie unschwer im Blick auf die narrativ fundierte jüdische und christliche Religion zu erkennen ist: Die Geschichte Gottes mit dem Volk Israel wird in der Tora oder im chronistischen Geschichtswerk erzählt, ebenso wie die Jesus-Geschichte in Erzählgattungen, den Evangelien, bewahrt und erinnert wird. Jesus erzählt vom Reich Gottes in Gleichnissen.

Die Grunderzählungen einer Religion schaffen Verbindlichkeit und kollektive Identität. In Deut 26,5–9 wird exemplarisch vorgeführt, wie die eigene Geschichte identitätsstiftend nacherzählt werden soll. Der Exodus wird zur Stiftungserzählung des jüdischen Volkes. Solche Erzählungen sind in dieser Weise zunächst abgrenzend. Sie sind nicht austauschbar oder ersetzbar. Sie münden in kritisch-reflexiver Weise in »narrative Theologie und Ethik«[113], aber stellen in lebenspraktischer Weise zugleich das »Rohmaterial«[114] für das Erzählen der eigenen Lebensgeschichte dar. Biblische Erzählungen können im Rang kanonischer, heiliger Texte die Bezugstexte für die eigene Lebensgeschichte sein. Die religiösen Basiserzählungen stellen ein Koordinatensystem bereit, in das die eigene Lebensgeschichte von Geburt bis Tod eingezeichnet werden kann. Gerade auch in ihrer idealisierten und fiktional ausgearbeiteten Erzählweise stellen sie Deutungsangebote dar, die in andere Kontexte übertragbar werden. Sie ermöglichen ganz im Sinne Ricœurs eine narrative Identität, die dann insbesondere eine Glaubensidentität und die Zugehörigkeit zu einer Glaubensgemeinschaft ist. So sind sie in besonderer Weise auch Lernfeld des eigenen (Nach-)Erzählens und Deutens.[115]

---

113 Vgl. Weinrich (1973); Hofheinz (2009).
114 Vgl. Ritschl/Jones (1976) bzw. Ritschl (2005).
115 Vgl. zu den didaktischen Potenzialen der biblischen Erzählungen Zimmermann (2013), 476–477.

Die religiösen Erzählungen haben in ihrer kollektiven Funktion zunächst etwas Trennendes. Aber sie verbinden auch, wie z. B. anhand der Abrahams-Geschichte der monotheistischen Religionen sichtbar wird. Der Stoff einer fundierenden Erzählung verbindet Judentum, Christentum und Islam und kann doch mit der je eigenen Erzähltradition zugleich auch das jeweilige Profil der jeweiligen Erzählgemeinschaft zu Tage fördern.[116]

Erzählungen sind aber keine Dogmen. Sie behalten die Offenheit und Beweglichkeit von Deutungsangeboten, von Erfahrungsräumen, die erst bewohnt werden müssen, ehe man aus ihnen Monumente der Abgrenzung zementieren kann. Die Sprachform der Erzählungen eignet sich nicht für Absolutheitsansprüche. Schon die biblischen Erzähltraditionen bergen Pluralität in sich. Die Geschichte Israels wird mehrfach erzählt, von Jesus finden sich gleich vier Basiserzählungen im Neuen Testament. Diese biblische Vielfalt der Erzähltradition offenbart einen Grundzug des Narrativen: Erzählungen sind in ihrer literarischen Reduktion immer auch »ungenau, unvollständig und ergänzungsbedürftig.«[117] Dies gilt nicht nur im Blick auf die Geschichte und Wirklichkeit, die sie abbilden. Es gilt ebenso im Blick auf die Wahrheit der Religion, die sie repräsentieren.

Die Erzählungen in den Religionen sind so gesehen sowohl das bevorzugte, identitätsstiftende Sprachmedium als auch die Manifestationen von sprachlicher Begrenzung und Offenheit. Für das interreligiöse Lernen können sie somit zugleich Erfahrungsräume von Identität wie auch Einladungen zum »Erfahrungsaustausch« im Sinne von Waldow werden.

2.2.4 Erzählungen und ihre didaktischen Implikationen

Nach dem Vorgenannten wäre es durchaus denkbar auch das interreligiöse Lernen anhand von Basiserzählungen der jeweiligen Religionen zu vollziehen. Gleichwohl zeigen die hermeneutischen Probleme mit den (biblischen) Texten[118], dass die Rezeption von kanonischen –

---

116 Vgl. dazu Zimmermann (2007).
117 Koschorke (2012), 26.
118 Vgl. dazu etwa den Fokus 7 »Probleme« im Handbuch Bibeldidaktik, vgl. Zimmermann/Zimmermann (2013), 663–705.

und dabei meist alten – Erzählungen Herausforderungen eigener Art mit sich bringen, die sich bei Erzählungen von Fremdreligionen noch verstärken. Die gewünschte Elementarisierung und Reduktion durch Erzählung würde hierbei wiederum durch Auslegungsschwierigkeiten bzw. -prozeduren verkompliziert. Es ist deshalb im derzeitigen Stand des interreligiösen Dialogs im Rahmen von Unterricht gerade in der Sekundarstufe I kaum möglich (nur) mit Primärerzählungen, d. h. den großen »Meistererzählungen« der unterschiedlichen Religionen zu arbeiten. Es muss auch den Dichtern überlassen bleiben, »große Erzählungen« oder Dramen wie z. B. Lessings *Nathan der Weise* zu erstellen, anhand derer der interreligiöse Austausch literarisch eigengewichtig in Sprache gefasst wird. Einige anregende Beispiele der Kinder- und Jugendliteratur mit unterschiedlichen literarischen Ansprüchen und Qualitäten werden im nächsten Abschnitt vorgestellt.

Gleichwohl kann auch schon in einer kleinen, didaktischen Erzählung – wie sie im Folgenden präsentiert wird – eine Chance liegen, mit der ansatzweise Aspekte der narrativen Erfahrung und Identitätsbildung aufgenommen werden. Das Medium der Erzählung ist für das Ziel interreligiöser Kompetenzbildung einem Informationslehrgang, aber eben u. U. auch der direkten Begegnung überlegen. Die Erzählung verfasst im Vergleich zu einem Bericht anschaulicher, perspektivischer, subjektiver und individueller. Identifikation, Rollenübernahme, das Einfühlen in Situationen, in denen interreligiöse Aspekte immanent sind, wird so erleichtert.

Georg Langenhorst spricht von fünf religionspädagogischen Chancen der Beschäftigung mit Kinder- und Jugendliteratur, vom Lernen mit guten Erzählungen speziell für Kinder und Jugendliche, an die hier angeknüpft werden kann.[119] Nun haben wir es in der praktischen Unterrichtsdurchführung in diesem Buch nicht mit einem klassischen Kinder- bzw. Jugendbuch zu tun, sondern der vorliegende Vorlese- bzw. Erzähltext ist in Ermangelung geeigneter Ganzschriften zum Thema Feste als Gruppentext in didaktischer Intention mit begrenztem literarischem Anspruch entstanden. Dennoch

---

119 Vgl. Langenhorst (2005), 229–235.

können vier[120] der Lernchancen zur Begründung des vorliegenden Projektes herangezogen werden.

Sprachsensibilisierung

Über Religion zu sprechen, ist nicht einfach. Hier bietet Literatur Vorlagen, die im Sinne einer Sprachsensibilisierung aufgenommen werden können. Dadurch, dass die Leiterzählung von jungen, religiös sozialisierten Menschen verfasst wurde, stehen diese noch nah an der Sprache der Kinder und Jugendlichen.

Die Beschäftigung mit diesen Texten kann aber auch so zur religiösen Sprachsensibilisierung dienen, wenn die Chance genutzt wird, »das produktive Erbe gerade religiöser Sprache zu erkennen und für eigenes Schreiben oder eigene Analysen zu nutzen. Nicht nur die stofflichen Anregungen aus dem Bereich des Religiösen prägen die Literatur, sondern auf verborgener Ebene gerade die sprachlichen Erbspuren.«[121]

Erfahrungserweiterung

Dieser Aspekt sollte von der Gewichtung her in dieser Publikation eigentlich am Anfang stehen: Literatur ermöglicht einen Rollenwechsel, mit Hilfe dessen die Welt mit den Augen anderer gesehen werden kann. Erfahrungen werden in der literarischen Rolle gemacht, Handlungsschwierigkeiten »erlesen«, Fremdheit wird initiiert und in der Rolle schon ansatzweise reflektiert, Alternativen werden erdacht, Identitätsbildung erfolgt als Probetraining im Gewand der literarischen Identität.

»In der Auseinandersetzung mit in Texten verschlüsselten religiösen Erfahrungen anderer werden eigene Erfahrungen aufgerufen, aktiviert, zur Überprüfung herausgefordert. Gegen jeglichen Versuch der wissenschaftlichen Objektivierung gerade in Bezug auf religiöse Fragen können literarische Texte als ›Anwalt der Subjektivität‹ fungieren.«[122] In diesem Sinne ist die Leiterzählung konzipiert worden.

---

120 Die »Textspiegelung« spielt insofern keine Rolle, als es hier um literarische Texte geht, die biblische Texte, Motive, Personen spiegeln.
121 Langenhorst (2011), 59.
122 Langenhorst (2011); vgl. Anmerkung 60.

Wirklichkeitserschließung

Die Erschließung der Wirklichkeit braucht gerade für Kinder und Jugendliche Hinweisschilder, damit in den Hintergrund Gerücktes nicht übersehen wird. Hier mag die Literatur ihren wichtigen Beitrag leisten, indem sie Phänomene benennt, die sonst vielleicht unerkannt geblieben wären. Sie kann damit sowohl Wahrnehmungs- als auch Gestaltungs- und Urteilskompetenz fördern.

Eine fortlaufende Geschichte, die im »als ob« des Lebens von Kindern an der Schwelle zum Jugendlich-Werden spielt, öffnet die Türen zu anderen Religionen und Kulturen auf Augenhöhe der Kinder.

Möglichkeitsandeutung

Es ist das »als ob« und das »was sein könnte«, das oft die Faszination literarischer Texte ausmacht. Langenhorst umreißt diese Lernchance mit dem schönen Bild der »Grammatik der Sehnsucht«, in der letztlich auch die theologischen Aussagen über Gott beheimatet sind.[123]

Die literarische Wirklichkeit kann über sich hinausweisen und Inhalte auf Möglichkeiten hin transzendieren. Dies soll aus dem Blickwinkel unterschiedlicher Sprecher unterschiedlicher Religionen erfolgen. Langenhorst wagt hier sogar, die Lernchancen in den Kompetenzen »Deutungskompetenz«, »Wahrnehmungskompetenz«, »Ausdruckskompetenz« ausweitend, von einer »Transzendierungskompetenz« zu sprechen. Diese beinhaltet die »Fähigkeit, eine die empirische Wirklichkeit übersteigende und sie umfassende Realität zu spüren, zu akzeptieren und von ihr aus das Weltbild zu bestimmen«.[124]

Dies wäre wohl ein zu hohes Ziel einer didaktisch konzipierten Erzählung zu den Festen der Weltreligionen. Die Feste an sich verweisen aber als Sachgegenstand der Erzählung über die Realität hinaus und mögen im literarischen Nachvollzug vielleicht doch an der einen oder anderen Stelle diese Lernchance unterstützen.

In der Narration findet somit Begegnung statt ohne sich der unter 2.1 geschilderten Gefahren der realen Begegnung auszusetzen. Zuerst kann so auf dem Spielfeld einer Doppelexistenz mit idealen

---

123 Vgl. a. a. O., 62.
124 A. a. O., 63.

Gesprächspartnern geübt werden, bevor dann natürlich das Leben in der direkten Begegnung zeigen muss, ob die Lektion gelernt wurde.

2.3 Geeignete Kinder- und Jugendbücher

Für die Umsetzung des Themas Feste für die Klasse 5/6 haben wir leider keine für die Schule geeigneten Werke gefunden. Daher kam die Idee, im Fachpraktikum selbst eine Leiterzählung zu schreiben. Dennoch sollen hier eine Auswahl an Jugendbüchern vorgeschlagen werden, die narrativ interreligiöses Lernen und den Erwerb interreligiöser Kompetenz unterstützen, selbst wenn dabei das Thema Feste nur als eines neben anderen interreligiös relevanten Themen Berücksichtigung findet.

Weitere Vorschläge zum Thema Religionen, auch zu einzelnen Religionen wie Judentum, Buddhismus, Islam, aber auch zu Naturreligionen und Sekten finden sich bei Zimmermann, *Literatur für den Religionsunterricht* (2012b).

2.3.1 Shafique Keshavjee: Der König, der Weise und der Narr (1998)

Shafique Keshavjee, Der König, der Weise und der Narr. Der große Wettstreit der Religionen. Französisches Original 1998. Goldmann Verlag: München 2000, Seitenzahl: 200, ab Klasse 8

Das Buch nähert sich dem Thema in Form eines arabischen Märchens: Der König, der Weise und der Narr beschließen nach einem gemeinsamen, von ihnen nicht zu deutenden Traumerlebnis, ihrem Volk, das zunehmend unzufrieden und übersättigt lebt, eine Religion zu verordnen, um ihnen bei der Suche nach dem Sinn des Lebens zu helfen.

Der König entscheidet, zur Auswahl der besten Religion ein Gipfeltreffen mit Vertretern der größten Religionen und einem Vertreter des Atheismus einzuberufen. In einer durch das Los bestimmten Reihenfolge soll jeder Teilnehmer den Gründer und die Basisüberzeugungen seiner Religion, die Haupttexte und ein wichtiges Gleichnis vorstellen. Feste spielen keine explizite Rolle.

Der Hauptteil des Buches besteht aus den Präsentationen von Doktor Christian Clément (Christ) aus der Schweiz, dem Rabbiner David Halevy aus Israel, dem Hindu Swami Krishnananda aus Indien, dem buddhistischen Mönch Rahula aus Sri Lanka und dem Atheisten Professor Alain Tannier, der aus Frankreich kommt. Zur vertiefenden Information findet sich im Anhang noch eine zusammenfassende Darstellung der Religionen. Aufgelockert werden die für Schülerinnen und Schüler der Sekundarstufe I anspruchsvollen und umfangreichen Essays durch diverse Nebenhandlungen: Da wird der Auftritt eines der Vertreter bewusst gestört, die Tochter des Muslims, Amina, wird in einem Drohbrief aufgefordert, züchtige Kleidung zu tragen. Sie wird in ihrem Zimmer tätlich angegriffen und vom Rabbiner gerettet, eine vergessene Kippa weist auf einen jüdischen Täter hin. Infolge dieser Begegnung verliebt der Rabbiner sich in die junge Frau.

Vor der Entscheidung im Finale darf jeder Vertreter noch einmal in einer Minute den Kern seiner Überzeugungen zusammenfassen. Dieser wird jeweils um zwei tragende Begriffe herum entfaltet: Der Christ spricht von Gnade und Solidarität, der Rabbiner von Heiligkeit und Treue, der Muslim von Barmherzigkeit und Gehorsam, der Hindu von Freiheit und Unsterblichkeit, der Buddhist von Loslösung und Mitgefühl und der Atheist von Komplexität und Humanität.

Leider kommt die Jury zu keinem eindeutigen Ergebnis, denn jede Religion hat von je einem der Mitglieder je eine Stimme bekommen. Nun soll der König das endgültige Urteil fällen. Doch als dieser gerade den Gewinner verkünden möchte, hat er eine Eingebung, aus der ihm deutlich wird, was er seinem Volk zu sagen hat: Es kann keinen Gewinner geben, denn alle Beiträge waren interessant und lehrreich. »Die Religion, die mir am geeignetsten erscheint, ist die Religion, [...] die ich für mich persönlich wählen würde. [...] Gott allein, wenn es ihn denn gibt, hat das Recht, die Goldmedaille zu vergeben.« (242)

Dennoch beschließt der König in moderner Applikation des Toleranzgedankens der Lessing'schen Ringparabel, dass sich nach vier Jahren alle wieder treffen sollen. Wer bis dahin die größten Anstrengungen unternommen hat, die Gläubigen der anderen Religionen wirklich zu verstehen und ihnen zu dienen, der soll die Silbermedaille verliehen bekommen. Denn diese Religion hat dann den Beweis erbracht, dass sie fähig ist, über sich selbst hinauszuwachsen, wirklich zu fühlen, was ihre Nächsten fühlen – ob Gläubige oder Ungläubige – und ihnen Gutes zu tun. Das sei dann ein Beweis für das Wirken des Geistes.

Aber damit ist die Rahmenerzählung noch nicht abgeschlossen: Der Rabbiner wird – wie sich später herausstellt – von Hasan, dem Sohn des Muslim, niedergestochen, weil er Aminas Wange gestreichelt hat und das als unsittliche Berührung gilt. Hasan hasst das Judentum, weil er es mit Zionismus und dem amerikanischen Kapitalismus gleichsetzt. Dennoch kann er die Liebe zwischen dem Rabbiner und der Muslima nicht unterbinden, und so endet die Handlung für den Leser in Erwartung einer bireligiösen Verbindung vielleicht ebenso wie für den König mit dem Bedürfnis, »zu seinen eigenen [religiösen] Wurzeln zurückzukehren« (255).

2.3.2 Michael Landgraf: Schalom Martin. Eine Begegnung mit dem Judentum (2006)

Michael Landgraf, Schalom Martin. Eine Begegnung mit dem Judentum. Marix Verlag: Wiesbaden 2006, Seitenzahl: 240, ab Klasse 6

Martin, die Hauptfigur der Erzählung, ist wegen eines Berufswechsels seines Vaters von Kaiserslautern nach Mannheim gezogen. An seinen ersten Tagen an der neuen Schule trifft er in seiner 5. Klassen auf David und freundet sich mit dem Jungen an, mit dem ihn manche Ähnlichkeiten wie Musikgeschmack, Hobbies etc. verbinden. David ist Jude, worüber er zuerst nicht sprechen möchte. Einige Wochen später kommt Davids Cousine Mirjam zu Besuch, die aus Haifa stammt. Das und die daraus entstehenden Kontakte und Fragen bieten Anlass genug, um über das Judentum ins Gespräch zu kommen und die Leser mitten hinein in deren Aktualität zu ziehen. Ausgehend von Davids Herkunft geht es um das Thema jüdisches Leben in Deutschland, der jüdische Kalender wird eingeführt, die jungen Leserinnen und Leser erfahren, ob Gummibärchen koscher sind u. a. Jeweils lebensweltlich angebunden und in jugendgemäßer Darstellung werden die Feste im Leben dargestellt, indem Mirjam und Martin z. B. bei Davids Bar Mizwa dabei sind. Geschickt werden Situationen in der Schule, in der Familie oder dem Alltag der Jugendlichen genutzt, um Informationen anzubinden oder Gesprächsanlässe zu liefern. Durch die Gespräche mit David und Mirjam wird Martin für die Schwierigkeiten sensibel, die Juden immer noch in vielen Ländern der Welt haben, was seine Wahrnehmungs- und Deutungsfähigkeit verändert.

Ari, der Onkel Davids und Vater Mirjams, lädt David und Martin gegen Ende der Erzählung zu einer kurzen Reise nach Israel ein. Bei der Vorbereitung der Reise kann David seinen »Geschichtsfimmel« ausleben und Martin wird zusammen mit Mirjam von der Bedeutung von Geschichte für die Gegenwart überzeugt. Diese wird dann sehr umfassend auf über vierzig Seiten von den Nomaden bis zur Gründung des Staates Israel kenntnisreich und trotzdem verständlich erzählt. Problemlos können solche umfassenden Kapitel aber auch ausgelassen und mit dem Kapitel »Eine Reise durch Israel« fortgefahren werden, das dann eben nicht historisch geerdet ist.

Die Reise zu wichtigen Städten in Israel von Tel Dan, zum See Genezareth, Tel Kinneret, über Tel Aviv bis Jerusalem, wo die Freunde auch die Holocaust-Gedenkstädte Jad wa Schem besuchen, ist eine sehr eindrückliche Erfahrung, an der die Leserinnen und Leser leicht teilhaben können. Wütend reagiert Martin jetzt auf Reaktionen seiner Umwelt, die sagen, dass man die Judenverfolgung endlich einmal vergessen sollte.

Michael Landgraf selbst bezeichnet sein Buch als »Sacherzählung«,[125] bei der der Titel Schalom »Gruß und Vision zugleich« sein soll. Denn im Zentrum geht es um den zentralen Lebenswunsch der Judenheit und um die Suche nach »Verständigung und nach Verständnis für den anderen.«[126] Angesichts der Geschichte allerdings »kann es keine Normalität ohne einen Blick in die Geschichte geben«, so der Autor.

An manchen Teilen hat man fast das Gefühl einen lebendigen Reiseführer in der Hand zu haben, der einem die Erfahrungen in Israel gleich noch in narrativer Vermittlung dazu liefert. Die Szenerie in Mannheim und einige Einzelszenen verweisen auf autobiografische Elemente, wobei die Handlung als Ganze fiktiv ist.

---

125 Landgraf (2006), 211.
126 Ebd.

2.3.3 Karlo Meyer/Barbara Janocha:
Wie ist das mit ... den Religionen (2007)

> Karlo Meyer/Barbara Janocha, Wie ist das mit ... den Religionen.
> Gabriel Verlag: Stuttgart 2007, Seitenzahl: 144, ab Klasse 3

Fünf Kinder, die alle in dem gleichen Haus wohnen, steigen auf das Dach ihres Hauses, weil sie zufällig den Schlüssel dazu auf der Straße gefunden haben. Vielleicht, so sinnieren die Kinder, könne man damit die Dächer der Häuser aufklappen, um die Geheimnisse der Welt zu entdecken. Diesen Geheimnissen der Welt wollen sie nun aber als Aufgabe für die Ferien auf die Spur kommen und besuchen dazu jeweils Orte der verschiedenen Religionen und befragen auskunftsfähige Erwachsene.

Parvati, ein hinduistischer Junge, stellt seinen Freunden seine Wohnung vor und zeigt den Schrein mit dem Altar. Seine Mutter erzählt von Krischna und das wichtigste Buch der Hindus, die Bhagavadgita, wird vorgestellt. Die Kinder lernen, dass Hindus wiedergeboren werden und erfahren, dass Kühe heilig sind und das Holi-Fest das wichtigste und farbigste Fest im Hinduismus ist.

Wichtige Sachinformationen, die über die Erzählungen im Text hinausgehen, sind jeweils als Infokästen (zehn an der Zahl z. B. allein zum Bereich Hinduismus) in den Text integriert, stören aber zumindest junge Leserinnen und Leser u. U. im Lesefluss. Die Farben sind je nach Religion unterschiedlich und werden in der Hinführung in ihrer jeweiligen Zuordnung erklärt.

Vergleichend werden auch philosophische Themen wie z. B. die Frage nach Glück und Pech als Kindergespräche im Sinne eines Theologisierens/Philosophierens der Kinder inszeniert (z. B. 37–40). Dazu tragen Bing, ein buddhistischer Junge, Jakob, ein jüdischer Junge, Marie, ein christliches Mädchen und Selma, ein muslimisches Mädchen ihre jeweilige durch ihre religiöse Einstellung geprägte Meinung bei. Die Kinder werden nicht wirklich als ausgearbeitete Charaktere dargestellt, das macht das Buch für Kinder etwas langweilig, eine Entwicklung findet nicht statt, sondern im Fokus steht, einem Sachbuch gemäß, die kindgemäße Vermittlung religiöser Grundinformationen. So möchte Bing, der kleine Buddhist, später in ein Kloster gehen und die Gruppe besucht dieses nun gemeinsam. Die Vermittlungsrolle zu religiösen Fragen übernimmt an dieser Stelle nun der Abt des Klosters, der die vier edlen Wahrheiten erklärt, in die Mala, die buddhistische Gebetskette, einführt und Meditation als Schüssel zur Achtsamkeit vorstellt.

Zum Thema Judentum dürfen die Freunde bei einer Schabbatfeier dabei sein und erleben diese von Beginn am Vorabend bis zum Ende beim Sonnenuntergang.

Bei allen Religionen wird gleichsam in kindgemäßer Sprache von einer oder zwei wichtigen Leiterzählungen, den heiligen Orten/Gebetshäusern, den heiligen Schriften, Ritualen und wichtigen Festen im Jahres- und Lebenskreis erzählt.

Somit ist das Buch eine gelungene Einführung in die Religionen der Hindus, Buddhisten, Juden, Christen und Muslime. Ob Kinder so viel Interesse an der Sache aufbringen, dass Sie auf jegliche spannende Handlung verzichten, wird unterschiedlich sein. Wie die Autoren schreiben, streben sie »keine lexikalische Vollständigkeit«[127] an, die Wissensvermittlung steht aber im Vordergrund. Darüber hinaus will die Behandlung etwas »von der Atmosphäre bei der Begegnung mit den jeweiligen Gläubigen und etwas von dem Charakter dieser Religionen einfangen.«[128]

2.3.4 Michael Landgraf: Salam Mirjam. Eine Begegnung mit dem Islam (2008)

Michael Landgraf, Salam Mirjam. Eine Begegnung mit dem Islam. Marix Verlag: Wiesbaden 2008, Seitenzahl: 244, ab Klasse 6

Wahrlich nicht nur als Fortsetzung von »Schalom Martin« konzipiert nehmen die bekannten Figuren in der Folgeerzählung »Salam Mirjam« durchaus an dichter Ausgestaltung zu. Schon für sein erstes Jugendbuch wurde Landgraf gelobt, dass es den »religionskundlichen Ansatz bei weitem [überschreitet] und [es] ermöglicht, im Unterricht

---

127 Meyer/Janocha (2007), 140.
128 Ebd.

auch zu theologischen Fragen vorzudringen.«[129] Der Rezensent Lenhard stellt allerdings kritisch fest, dass es zu einem gleichwertigen interreligiösen Dialog »eines auch im Christentum kundigen Schülers [bedürfe], den die Erzählfigur Martin mangels Kenntnissen in der eigenen Religion leider nicht darstellt.«[130]

Diesem Manko begegnet Landgraf in der Konstruktion der Figur Martin nun im zweiten Band, in dem dieser Teilnehmer einer Religions-AG wird, die sich auf die Suche nach der Geschichte, den Inhalten und der Wahrheit der Religionen macht, auch seiner eigenen.

Ausgangspunkt ist wieder ein Umzug, diesmal aber soll die jetzt fünfzehnjährige Mirjam nach einem Anschlag in der Stadt Haifa in Israel für ein Jahr ins sicherere Deutschland. Dort muss sie sich neben die türkische Mitschülerin Aische setzen, obwohl sie gemäß ihres Alters die islamfeindliche Haltung schon internalisiert hat (»Wenn ich muslimische Mitschüler in der Klasse habe, wechsle ich die Klasse!«, 12). Nach anfänglichen Reibereien freunden sich die beiden Mädchen aber an und nehmen angeleitet von der vorbildlichen Klassenlehrerin Frau Berger gemeinsam an dem Projekt Weltreligionen teil, in dessen Verlauf sie zu Spezialistinnen ihrer eigenen, aber auch der anderen monotheistischen Religionen werden. Thematisiert werden so aus der Situation der Jugendlichen heraus und deren Fragen und Einwände aufnehmend der Glauben an Allah, die fünf Säulen des Islam, der Prophet Muhammad, die Feste, Feiern und lebensbegleitenden Rituale. Danach sind auch die Kapitel thematisch strukturiert, was bei der Orientierung sehr hilfreich ist. Gemeinsam besuchen die Jugendlichen z. B. eine Moschee und auch kritische Fragen wie zur Bedeutung der Scharia oder zum heiligen Krieg werden nicht ausgeblendet.

Auf den Sachbuchcharakter des Buches verweisen, neben dem hohen Informationsgehalt in Abgrenzung zur eher wenig unterhaltenden oder spannungsreichen Handlung, die vielen (Schau-)bilder, die durchaus zur Anschaulichkeit beitragen, allerdings nicht in bester Qualität abgebildet sind.

---

129 Lenhard (2013), 34.
130 Ebd.

Die beiden Bücher Landgrafs überzeugen gerade durch den profunden Informationsgehalt und selbst der informierte Leser wird manches Neue erfahren. Besonders wertvoll ist dabei die geschickte und glaubwürdige Einbindung dieser Informationen in das tägliche Leben, in den Alltag und die Umgebung pubertierender Jugendlicher und so entsteht ein für die Schule und die Altersgruppe der 12–15-Jährigen wirklich brauchbares Erzählszenario, das zur narrativen Förderung interreligiöser Kompetenz gut verwendbar ist.

2.3.5 Mirjam Pressler: Nathan und seine Kinder (2008)

Mirjam Pressler, Nathan und seine Kinder. Beltz & Gelberg Verlag: Weinheim 2008; Beltz Taschenbuch 3. Aufl. 2011, Seitenzahl: 264, ab Klasse 10

Nathan ist als Symbolfigur für religiöse Toleranz, Friedfertigkeit und Vernunft seit Lessings Bühnenstück allseits bekannt. Presslers Roman erzählt von diesem weisen Juden, der während der Zeit des Dritten Kreuzzuges in Jerusalem lebt, dem umkämpften Schmelztiegel der drei Religionen. Lessings Theaterstück wird aber nicht nacherzählt, stattdessen setzt Pressler die Handlung wie einen Flickenteppich durch einfühlsame Ich-Erzählungen verschiedener beteiligter Personen (je eine pro Kapitel) zusammen:
- Recha, die Tochter des Juden Nathan, die mit ihren Gedanken und Gefühlen, wie Pressler selbst erläutert, im Vergleich zu Lessing etwas mehr in den Vordergrund gerückt wird,
- Daja, ihre christliche Gesellschafterin, die sich fragt, welche Religion man hat, wenn man als christlich getauftes Kind jüdisch erzogen wird,
- der Tempelritter, dessen Vergangenheit als Curd von Stauffen auf dem Kreuzzug nach Jerusalem entfaltet wird,
- Elijahu, der langjährige Verwalter Nathans, erzählt Nathans »Hiob-ähnliche« Vergangenheit,
- Al-Hafi, der Schatzmeister Saladins (des Herrschers von Jerusalem), beschreibt in Bildern aus dem Schachspiel Konstellationen der Akteure,

- Sittah, die Schwester Saladins, die die besondere Rolle von muslimischen Frauen deutlich macht,
- Abu Hassan, ein Hauptmann Saladins, dem Saladin zu zögerlich gegen Juden und Christen agiert und der den Kampf gegen die anderen Religionen beschleunigen möchte, und
- Geschem, ein behinderter Waisenjunge, dem Nathan in seinem Haus eine Zukunft ermöglicht.

Sie alle erzählen subjektiv Teile ihrer Geschichte mit Nathan in Jerusalem, nur Nathan selbst kommt nicht zu Wort. Seine Geschichte bleibt ein Konstrukt des Lesers aus den Geschichten der vielen Erzählerinnen und Erzähler.

Die Autorin hat sich dennoch »so weit wie möglich an Lessings Vorgabe gehalten, schon um ihm meine Reverenz zu erweisen«, so erläutert sie selbst im Nachwort (251). Darüber hinaus berühren aber die Einzelschicksale, wie z. B. das des behinderten Jungen Geschem, an dessen Person die Menschenfreundlichkeit Nathans anschaulich gemacht wird, oder das des Hauptmanns, der als Repräsentant des gewalttätigen fundamentalistischen Islam agiert.

Die Handlung ist bekannt: Sultan Saladin, der Jerusalem für die Muslime eingenommen hat, ist bankrott, weil die erwarteten Schiffe mit den Steuereinnahmen aus Ägypten Jerusalem nicht rechtzeitig erreichen. Er wendet sich deshalb über einen gemeinsamen Freund an Nathan. Dieser weiß aber, dass die Begegnung mit einem so grausamen Herrscher immer unwägbare Gefahren birgt. Bei dem Treffen erzählt er auf die Frage nach der Wahrheit der Religionen, mit der Saladin ihn eigentlich in die Enge treiben möchte, das bekannte Gleichnis der Ringparabel und macht sich den gerührten Saladin damit wider Erwarten zum Freund. Dennoch wird Nathan am Ende von Presslers Geschichte ermordet. Für den Leser bleibt unklar, aus welchen Motiven – religiösen, politischen oder pekuniären – und von wem der Mord erfolgt.

In die Handlung um den Kaufmann Nathan, der immer wieder anderen mit seinem Reichtum zu helfen versucht und moralisch absolut integer bleibt, ist die Liebesgeschichte zwischen dem Tempelherrn und Recha, der Tochter Nathans, eingebunden: eine fast aussichtslose Beziehung zwischen einer Jüdin und einem Christen in einer muslimisch regierten Stadt. Nur bei Presslers Vorlage, Lessings Nathan, klärt sich am Ende auf: Die beiden sind Geschwister, Kinder des verstorbenen Bruders des Sultans. Ihre verschiedenen Religionen entpuppen sich somit umso mehr als Gebilde des Zufalls. Dieses Motiv übernimmt Pressler nicht.

Neben den Figuren werden aber auch die Stadt Jerusalem, die Kultur zur Zeit der Kreuzzüge, die sozialen Probleme und das literarisch so schwierig zu malende Zeitkolorit feinsinnig dargestellt. Das kann Jugendliche ansprechen, auch weil der moralische Zeigefinger an keiner Stelle erhoben wird. Eine Zeittafel, ein Bibelstellenregister und ein knappes, verständliches Glossar findet die interessierte Leserin bzw. der interessierte Leser im Anhang.

2.3.6 Christiane Thiel: Mein Gott und ich (2009)

> Christiane Thiel, Mein Gott und ich. Ein Roman über die Weltreligionen. Arena Verlag: Würzburg 2009, Seitenzahl: 210, ab Klasse 8[131]

Das Buch greift aktuelle Fragen vieler Jugendlicher zu unterschiedlichen Religionen und deren Kultur auf. Es stellt die Grundsätze von Christentum, Judentum, Islam, Buddhismus und Hinduismus auf ungewohnte und neue Art vor und führt in die unterschiedlichen Glaubensgruppen dieser Religionen ein. Es bietet zahlreiche Anknüpfungspunkte zur wissenschaftlichen Auseinandersetzung mit Religionen, verdeutlicht aber auch, dass Religion häufig nur dann verstanden werden kann, wenn sie gelebt und nicht erklärt wird. Leserinnen und Leser werden dazu ermutigt, nicht nur über diverse Medien Informationen über das Leben und Denken anderer Religionen und Kulturen zu erhalten, sondern in »gelebte Religion« einzutauchen.

Der Inhalt lässt sich folgendermaßen zusammenfassen:
»Ich will wissen, ob Beten etwas nützen kann.« »Muss es Gott geben?« »Warum hilft es nicht, wenn ich in die Kirche gehe?« »Ich will wissen, ob andere auch beten.« »Ich will wissen, wie andere Religionen über Gott denken und wie die das machen.«

---

131 Die Zusammenfassungen 2.3.1.; 2.3.5; 2.3.6 sind mit kleinen Ergänzungen entnommen aus Zimmermann, (2012b), 148–173.

Diese und viele andere Gründe geben Jugendliche der »Clique von der Tischtennisplatte« in ihren Fragebögen an. Sie alle wollen den im Internet ausgeschriebenen Wettbewerb »Denk weiter! Leb anders!« gewinnen und dadurch die Gelegenheit bekommen, eine Woche in einer der ausgewählten neun Familien unterschiedlicher Religionen zu leben. Die einen wollen damit ihren eigenen Familien entkommen, die anderen erhoffen sich, andere Religionen besser kennenzulernen oder einen Weg zu ihrem persönlichen Glauben zu finden. Alle aber suchen Antworten auf ihre Fragen, die sie schon lange beschäftigen oder die aufkommen, indem sie sich mit dem Projekt näher befassen.

Diese Unterschiede und die vielfältigen Beweggründe, warum die Cliquen-Mitglieder an dem Wettbewerb teilnehmen wollen, veranlassen die Organisatoren von »Denk weiter! Leb anders!«, alle neun Jugendlichen gewinnen zu lassen. Jede und jeder von ihnen bekommt eine Familie zugewiesen, in der sie/er eine Woche lang leben wird. Dort haben alle die Aufgabe, jeden Tag über ihre Erlebnisse in den Familien zu berichten. Dazu steht ihnen ein Blog zur Verfügung, in dem sie sich in Foren miteinander austauschen können. Dieser Blog ist öffentlich zugänglich, sodass auch andere lesen können, was die Jugendlichen in ihren Gastfamilien erleben, was sie über deren Religionen erfahren, welche Fragen sie beschäftigen, was sie fasziniert und woran sie zweifeln.

Durch das Buch zieht sich die Sorge aller um ihren Freund Igor. Auch das Organisationsteam von »Denk weiter! Leb anders!« macht sich Gedanken um den verschlossenen, zurückgezogenen und geheimnisvollen Jungen, der, so stellt es sich im Laufe des Buches heraus, Probleme mit seinem Vater hat, sehr unter dem schrecklichen Tod seiner Mutter leidet und sich in seiner neuen Heimat Deutschland isoliert und alleingelassen fühlt. Tagebuchähnliche Notizen des Jungen ermöglichen den Lesern einen Einblick in seine Gefühlswelt, die von Zweifeln, Ängsten, Wut und Trauer beherrscht wird. Die Leserinnen und Leser erleben mit, wie sich die Emotionen des Jungen verändern, wie das Leben in der Gastfamilie auf ihn wirkt, welche neuen Fragen er hat und welche Wünsche sich für ihn erfüllen.

In ihrem Buch schafft es Christiane Thiel auf sensible und lebendige Art, sich den verschiedenen Religionen und deren kulturellem und sozialem Leben zu nähern und die Erlebnisse der Jugendlichen zu einem Eintauchen in neue Lebens- und Gedankenwelten werden zu lassen. *Mein Gott und ich* ist ein Jugendroman, der junge Menschen durch die Integration moderner Kommunikationsformen und aktueller religiöser, politischer und sozialer Fragen anspricht. Die Auswahl verschiedenster Schrift- und Textarten fördert die Anschaulichkeit. Zahlreiche Randbemerkungen und Erläuterungen einzelner Begriffe sowie die vielen Perspektivwechsel machen das Buch lebendig.

3 Praktische Umsetzung am Beispiel »Feste in den Weltreligionen«

3.1 Kompetenzen der Einheit

Folgende Kompetenzen[132] können in der dargestellten Unterrichtsreihe erworben werden:

Sachkompetenz

Die Schülerinnen und Schüler
- identifizieren und unterscheiden innerhalb des Jahreskreises christliche, jüdische und muslimische Feiertage;
- kennen Anlass, Inhalt und Bedeutung der großen Feste im Christentum, Judentum und Islam;
- identifizieren religiöse Rituale im Lebenslauf und ihre jeweilige Festkultur exemplarisch in den drei Religionen Judentum, Christentum, Islam;
- erklären solche Übergangsrituale als religiös gestalteten Umgang mit bedeutsamen Lebenssituationen;
- ordnen religiöse Ausdrucksformen der jeweiligen Religion zu und beschreiben die Funktion für den Glauben;
- erkennen Unterschiede und Gemeinsamkeiten in religiösen Praktiken unterschiedlicher Religionsgemeinschaften;
- formulieren einen eigenen Standpunkt zu religiösen Fragen, Problemen und Auseinandersetzungen.

Dialogkompetenz

Die Schülerinnen und Schüler
- setzen sich mit den literarisch dargestellten Positionen anderer religiöser Überzeugungen sowie deren Argumenten auseinander;

---

132 Die Kompetenzen sind angelehnt an den Kernlehrplan für das Gymnasium – Sekundarstufe I in Nordrhein-Westfalen (2011), 16–25.

- erleben narrativ erste Ansätze für eine Verständigung, die sie selbst aufgreifen und weiterentwickeln;
- begegnen im narrativen und unterrichtlich weitergeführten Dialog den Vorstellungen von Gott und den Ausdrucksformen und Lebensregeln anderer Religionen fragend-interessiert und respektvoll;
- vergleichen Übergangsrituale verschiedener Religionen miteinander und finden Unterschiede und Gemeinsamkeiten.

Gestaltungskompetenz

Die Schülerinnen und Schüler
- beschreiben anknüpfend an Lenas Erfahrungen die Bedeutung religiöser Ausdrucksformen für den Umgang mit existenziellen Erfahrungen und entwickeln Perspektiven für eine eigene Haltung dazu;
- gestalten in der Rolle von Lena einfache religiöse Handlungen der christlichen Tradition.

Methodenkompetenz

Die Schülerinnen und Schüler
- entnehmen einer fortlaufend vorgelesenen Geschichte Informationen zu religiösen Festen;
- bündeln Informationen zu Personen, Orten und Festen in einer Mindmap;
- erschließen sich offene Fragen durch eine angeleitete Recherche zu interreligiösen Fragen im Internet;
- erschließen sich muslimische Bilder und können exemplarisch die spezifisch religiösen Darstellungen in Christentum, Judentum und Islam erklären.

3.2 Überblick über die Feste

Bedeutung, Zeiten und Bräuche jüdischer Feste

	Rosch ha-Schana	Jom Kippur	Sukkot	Simchat Thora	Chanukka	Purim	Pessach/Pesach/Passah	Schawuot
Warum wird gefeiert?	Neujahrsfest, Neubeginn wird gefeiert	Versöhnungsfest	Laubhüttenfest, Erinnerung an die Wanderschaft durch die Wüste – man dankt Gott für die Ernte und dass man ein Zuhause hat	Thorafreudenfest	Tempelweihfest, erinnert an die Weihe des Tempels, Wunder: Öl reichte statt nur für einen für acht Tage	Losfest, erinnert an die Errettung vor der Vernichtung durch den Perserkönig	Wallfahrtsfest, Gedenken an Befreiung aus der Sklaverei	Wochenfest, Schnitterfest, zum Beginn der Weizenernte, Erinnerung an die Gesetzgebung auf dem Berg Sinai
Zentraler Text/Geschichte		Lev. 16, Buch Jona (Verlangen Gottes nach Umkehr)	Lev. 23, 42f	der letzte und der erste Abschnitt der Thora wird gelesen	Ölwunder bei Einweihung des Tempels, ev. Judith-Geschichte	Esthergeschichte	Geschichte von Mose Errettung aus Ägypten	Empfang der Tora
Wann wird es gefeiert?	Herbst, weil mit der letzten Ernte das Jahr zu Ende war	10. Tag nach Rosch ha-Schana/Neujahr	15 Tage nach Rosch ha-Schana/Neujahr, dauert sieben Tage	7. Tag des Laubhüttenfestes	25. Kislew bis 2. Tevet	Frühjahr	Sederabend des 14. Nisan bis Abend des 22. Nisan	50 Tage nach Passah (Mai/Juni)

	Rosch ha-Schana	Jom Kippur	Sukkot	Simchat Thora	Chanukka	Purim	Pessach/ Pesach/ Passah	Schawuot
Wie wird es gefeiert?	Blasen des Schofarhorns = Aufruf zur Besinnung, zur Ein- und Umkehr, zur Buße, zur Opferbereitschaft; in Honig getauchter süßer Apfel wird gegessen, ringförmiges Chala-Gebäck	Strenges Fasten, Beten in der Synagoge um Vergebung aller Sünden, Aussöhnung mit den Menschen, mit denen man im Streit lebt, Blasen des Schofarhorns	Errichtung der Sukkah (= Laubhütte), darin wird während der nächsten sieben Tage mit Verwandten, Freunden und auch nicht-jüdischen Nachbarn gefeiert, gegessen und manchmal übernachtet.	Freudigster Gottesdienst des Jahres, Singen des Thoraliedes, feierliche Umzüge mit Thorarollen, es wird mit den Thorarollen getanzt	Anzünden des achtarmigen Leuchters, an jedem Abend wird ein Licht mehr entzündet; Dreidelspiel (Hebr. Anfangsbuchstaben: »Ein großes Wunder geschah dort«), Hoffnung auf Hilfe Gottes	Fest bunter Verkleidungen und großer Umzüge, Kinder bekommen Süßigkeiten	Essen von grünen und bitteren Kräutern (karge Nahrung), Salzwasser (Tränen), gekochtem Ei (harte Arbeit), (Lamm)-Knochen (Lamm), Fruchtmus (brauner Lehm), Mazzen, Wein	altes Erntefest, Lesungen der 10 Gebote, Schmücken der Synagoge, essen und trinken von milchigen Produkten, wenn möglich werden abends/ nachts Thorastudien betrieben oder Vorlesungen gehört.
Verbindung zu christl. Fest	Neujahr	Buß- und Bettag	Erntedank	Ev. Kirchweihfest	Weihnachten	Karneval	Jesus feiert in Jerusalem: Karfreitag/ Ostern	Erntedank, bzw. Pfingsten (50 Tage nach Pessach)

Überblick über die Feste

Bedeutung, Zeiten und Bräuche islamischer Feste

Die Muslime orientieren sich nicht am Gregorianischen Kalender, sondern am Mondkalender. Deshalb hat das islamische Festjahr nicht 365, sondern 354 Tage. Dementsprechend verschieben sich die religiösen Feste gegenüber dem Sonnenkalender jedes Jahr um elf Tage nach vorn, im Schaltjahr um zwölf Tage.

	Lailat al-Qadr Nacht der Bestimmung	Id al-Fitr Fest des Fastenbrechers	Id al-Adha Opferfest	Aschura Tag	Weitere Feste/Feste auf dem Lebensweg
Warum wird es gefeiert?	Offenbarung (der ersten fünf Verse) des Koran	Dankfest für Einhaltung des Fastens und Vergebung	Hingabe des Menschen an Gott und Vertrauen auf seine Barmherzigkeit	Es wird des Märtyrertodes von Husain gedacht (Schiiten). Türken: Errettung der Arche Noah	*Muharram/Hidjra*: Erinnerung an die Auswanderung des Propheten von Mekka nach Medina (Beginn der islam. Zeitrechnung) *Lailat al-Miradj*: Fest der Nachtreise/ Himmelfahrt des Propheten nach Jerusalem bzw. in den siebenfachen Himmel (Prophetenbegegnung) *Lailat al-Bar'a*: Nacht der Buße
Zentrale Geschichte	97. Sure		37. Sure, vgl. Gen 22 (Opferung Isaaks)	Leiden des Prophetenenkels	
Wann wird es gefeiert?	27. Nacht des Ramadan	Ende der Fastenzeit, drei Tage lang	10. Woche nach Fastenbrechen, 10. Tag der Hadsch, vier Tage lang	10. Muharram	*Aqiqa-Zeremonie* (Namensgebung), 6. bzw. 7. Tag nach Geburt: Haare abgeschnitten, Gegenwert des Gewichtes in Gold für die Armen. *Fest des ersten Zahns*: Fest, Kind wählt/ greift zu Schere (Geschick), Goldstück (Reichtum), Koran (Bildung)

	Lailat al-Qadr Nacht der Bestimmung	Id al-Fitr Fest des Fastenbrechens	Id al-Adha Opferfest	Aschura Tag	Weitere Feste/Feste auf dem Lebensweg
Wie wird es gefeiert?	Nacht mit Lichtersymbolik	Süßigkeiten werden verschenkt, Freunde besucht, Gabe an Arme. Türkisch: Şeker Bayramı (»Zuckerfest«)	Schlachtung eines Schafes – Festmahl, Verbundenheit mit Pilgerfahrern, Vorerlebnis der Auferstehung	Prozessionen und Passionsspiele (hist. Ereignisse von Kerbela)	*Beschneidung:* Festkleid, Jungen erhalten Geschenke, Prozession nach Moscheebesuch *Hochzeit:* aufwändiges Fest, Frau wechselt Familie *Bestattung:* Bestattung in weißem Tuch (mit Gesicht nach Mekka), Koranlesung in der Moschee

Bedeutung, Zeiten und Bräuche hinduistischer Feste

Es gibt im Hinduismus mehr als 1000 Feste, also mehr als das Jahr Tage hat.[133] Allerdings wird kaum eines der Feste tatsächlich überall gleichzeitig gefeiert. Das kommt daher, weil einerseits die Feste-Kalender immer noch uneinheitlich sind, andererseits die Feste jeweils für eine andere Gottheit gefeiert werden und die sind äußerst vielfältig und regional unterschiedlich. Dabei gibt es drei Arten von Festen: 1. Feste, bei denen man sich an Ereignisse oder Legenden erinnert (Puranische Feste). 2. Tempelfeste, bei denen Bilder der Tempelgottheiten durch Prozessionen gefeiert werden und 3. werden Geburtstage von göttlichen Inkarnationen wie z. B. Krishnas gefeiert.

	Holi	Divali Fest der Lichter, Neujahrsfest	Weitere Feste[134]:
Wer wird verehrt?	Königssohn überlebt vom Vater initiierten Feuertod, weil er an die Rettung durch die Götter glaubt, Frühlingsfest	Befreiung Sitas, die von Dämonenherrscher Ravana entführt worden war, durch Rama. Erinnerung daran, dass das Gute das Böse überwindet	*Raksha Bandhan*: Fest des Schutzbandes, wird bei Vollmond im Sravana gefeiert. Schwestern schenken Brüdern Armbändern als Bitte um Schutz, bringen roten Punkt als Zeichen von Erfolg auf Stirn des Bruders an.
Wer wird verehrt?	Vishnu/Krishna	Vishnu/Laksmi	*Shivaratri* (Februar/März): Heilige Nacht, Shiva als Erretter und Sündenvergeber – Durchwachen der Nacht bei Gebet und Gesang.

---

133 Vgl. Sieg, 2003, 128–130.
134 Diese finden sich ausführlicher in: Kirste/Schultze/Tworuschka (1995), 82–90.

	Holi	Divali Fest der Lichter, Neujahrsfest	Weitere Feste[134]:
Wann wird es gefeiert?	14. Sukla des Monats Phalguna	Krsna von Asvina, Oktober	*Makara Sankrat:* Sommer- und Wintersonnenwendefest, Friedensfest – Bad im Ganges. *Vasanta Nachami:* Frühlingsanfangsfest, Sarawati, der Göttin der Bildung und der Künste geweiht. *Tempeldankopfer* 40 Tage nach der Geburt. *Entwöhnungsfeier* im 6. Monat (erste feste Nahrung: Reis)
Wie wird es gefeiert?	Am Vorabend wird ein großes Feuer »holika« abgebrannt – Verbrennung des Bösen; Feuer wird siebenmal umlaufen, Steine, Erde, Reis werden zur inneren Reinigung ins Feuer geworfen (Aschepunkt auf der Stirn als Symbol der Reinigung – Vergebung ist möglich)	Kerzen werden auf Lotusblätter gesetzt und schwimmen den Fluss hinunter. Das soll Unglück vertreiben, Feuerwerk, Kinder bekommen Süßigkeiten	

3.3 Die Unterrichtseinheit

3.3.1 Erster Zugang: Angekommen – Fremdsein

3.3.1.1 Die Geschichte – Kapitel 1: »Der Umzug«

Endlich stand der Umzugswagen still. Lenas Ohren dröhnten noch nach vom Brummen, das sie stundenlang gehört hatte. Mit gespielter Fröhlichkeit sprang ihr Vater aus dem Wagen: »Hier sind wir also, das ist Siegen, hier werden wir wohnen. Ihr werdet staunen, wie weit man von unserem Wohnzimmerfenster aus sehen kann.« Lena schaute sich um, Tränen in den Augen. Wie sehr hatte sie gebetet, dass sie nicht umziehen müssten, ohne Erfolg. Nein, schön war es hier nicht! Wie gut hatte es ihr in Mainz gefallen. Der Rhein und der Main mit ihren weiten Flussauen, auf denen sie sich zum Spielen getroffen hatten, sie hatten Flöße und Hütten zwischen den Weiden gebaut, vor ihren Augen sah sie die Bilder. Hier war alles erst einmal fremd, sie mochte dieses Hochhaus nicht.

Alle hatten geweint, als sie sich gestern verabschiedet hatte. Ihre Lehrerin, Frau Brünning, hatte ihr ein Erinnerungsbuch gegeben, auf dem jede Mitschülerin und jeder Mitschüler eine Seite gestaltet und ein Foto eingeklebt hatte. Verflixt, warum mussten sie umziehen! Gerade hatte sie sich gemeinsam mit ihren Freunden Tom, Jule und Aische im Gymnasium in der neuen 5. Klasse eingelebt und dann das: Vor einem Jahr verlor ihr Vater bei Opel in Mainz-Rüsselsheim seine Arbeit. Es sah schlecht aus mit Alternativen, denn er war nicht mehr der Jüngste. Viele Tage hatte er auf dem Arbeitsamt zugebracht und sie dann eines Abends alle an den Tisch gerufen. Ihre Mutter, sie und die beiden Geschwister Johannes (14) und Matthias (8). Ganz genau erinnerte sie sich an die Situation. Er räusperte sich und sagte: »Ich habe in Siegen einen neuen Job gefunden und kann schon zum 1.4. dort anfangen. Das bedeutet aber, dass wir deshalb umziehen müssen, mitten im Schuljahr.« Totenstill war es gewesen und Lena fühlte sich, als ob ihr jemand den Boden unter den Füßen wegziehen würde.

Die Tage danach waren nicht einfach. Zwar waren alle auch ein bisschen erleichtert, denn einen arbeitslosen Familienernährer zu haben und von Sozialhilfe leben zu müssen war nicht besonders angenehm, aber plötzlich wurde vor allem den Kindern klar, was das heißen würde: alles aufgeben, was einem vertraut und wichtig war, neue Freundinnen und Freunde suchen, in einer neuen Schule einleben, neue Lehrerinnen und Lehrer, neue Klasse, neuer Fußballverein (Lena spielte begeistert in der Jugendauswahl des 1. FSV Mainz), wenn es in Siegen überhaupt so etwas geben würde. Das war vier Wochen her, alles ging dann unglaublich schnell – und jetzt stand der Umzugswagen gepackt vor dem Haus, in dem sie von nun an wohnen sollten. Sie fühlte einen dicken Kloß in der Magengegend.

Die Familie stieg aus und fuhr mit dem Fahrstuhl in den 7. Stock, um die Wohnung anzuschauen. Als der Fahrstuhl anhielt, sah sie eine Traube verkleideter Kinder in der Nachbarwohnung verschwinden. Komisch, Aschermittwoch, das Ende der Faschingszeit, war doch schon vorbei oder feierten die hier Fasching zu anderen Terminen? Sie erinnerte sich noch, dass sie mit Paul, ihrem katholischen Freund, im Jugendgottesdienst gewesen war und dort vom Pfarrer ein Aschekreuz auf die Stirn gezeichnet bekommen hatte. So viele schöne Gottesdienste hatte sie in Mainz erlebt. Manchmal fühlte sie sich in der katholischen Kirche wohler als in ihrer eigenen evangelischen. Vieles war gleich, manches aber auch ganz anders: der Geruch von Weihrauch oder das Weihwasser z. B. oder die schönen Gewänder der Messdienerinnen und Messdiener. Sie dachte an die Blumenprozession, an Palmsonntag, an dem der Pfarrer immer Palmenzweige an die Kinder verteilt hatte, und an die Osternacht mit dem riesigen Osterfeuer.

Feste waren für Sie etwas ganz Wertvolles: Das konnten Familienfeste sein, bei denen man die Verwandtschaft wiedersah und gemeinsam den freien Tag genoss (ihr Bruder mochte die überhaupt nicht). Im Jahresrhythmus traf man sich zu den Geburtstagen der Omas und Opas und auch zu Weihnachten. Sie hatte das Gefühl, dass gerade die Alten ihr ganzes Leben auf diese Tage ausrichteten. Das konnten aber auch die kirchlichen Feste sein wie Weihnachten, wo die Kirche endlich mal voll war und sie alle ihre Freundinnen traf. In ihrer Hauptrolle als Maria hatten sie so viele Menschen beglückwünscht, das war schön gewesen.

Auch in ihrer evangelischen Gemeinde war sie gerne gewesen, vor allem weil sie dort die Mädchen aus dem CVJM-Jugendkreis traf. Sie hatten im letzten Jahr zusammen den Kreuzweg vorbereitet und beim lebendigen Adventskalender zwei Fenster gestaltet. Alle Feiertage und alle Aktionen hatte sie auf Fotos und in ihrem Tagebuch festgehalten, besonders in der letzten Zeit, um auch ja nichts aus Mainz zu vergessen. Wie gerne wäre sie dort auch konfirmiert worden.

Ob sie hier wohl auch wieder eine Jugendgruppe finden würde? In Siegen, hatte ihr Pfarrer, Herr Johannson, gesagt, würden ganz viele fromme Menschen leben. Was er sich wohl gedacht hatte bei »fromme Menschen«? War das positiv oder negativ gemeint? So ganz klar war das nicht gewesen.

Da ging die Tür der Nachbarwohnung auf. Das Mädchen, das die Tür geöffnet hatte, war auch verkleidet und schien in einem ähnlichen Alter zu sein wie sie, vielleicht auch ein bisschen älter. Eine junge Frau, hochschwanger, stand daneben und begrüßte sie freundlich. Verkleidete man sich hier noch bei Kindergeburtstagen? Das war doch was für Kleinere, komisch!

Der Vater hatte die Tür aufgeschlossen und die Familie drängte ins Innere der neuen Wohnung. Viel Platz gab es da. Ihr Vater hatte den Geschwistern jeweils ein eigenes Zimmer versprochen, dafür wollten die Eltern im Wohnzimmer schlafen, bis der älteste Bruder nächstes Jahr nach seiner Realabschlussprüfung ausziehen würde. Er wollte dann eine Ausbildung zum Krankenpfleger in Bethel, einem Stadtteil in Bielefeld, in dem auch viele behinderte Menschen wohnen, beginnen.

Schnell hatten sie die Wohnung einmal abgelaufen: drei Zimmer, Essküche und ein großes Wohnzimmer. Alles schien duster, es roch komisch, die Wände waren nicht frisch gestrichen, die Fenster dreckig.

Jedes der Kinder blieb noch ein bisschen in seinem Zimmer, versunken in die eigenen Gedanken. Der Vater hatte darauf gedrungen, dass sie schnell einziehen wollten und deshalb angeboten, das Streichen der Wohnung zu übernehmen. Bei ihr im Zimmer hingen wohl deshalb noch Plakate an der Wand. Hier schien auch ein Kind gewohnt zu haben. Neben den Bildern von Justin Bieber fand Lena auch Bilder von zwei alten Palästen, die irgendwo in einem tropischen Land stehen mussten, denn es waren auch Palmen abgebildet.

Unter einem der Plakate war ein hellgrüner Brief darunter geschoben, komisch. Sie zog den Brief heraus, auf dem stand:

An denjenigen, der in diesem Zimmer wohnen wird.

Sie öffnete ihn und las:

Lieber Nachbewohner,
   mein Name ist Rana, ich bin wahrscheinlich gerade noch 12, wenn du das liest, und ich habe hier in diesem Zimmer drei Jahre lang gewohnt. Jetzt sind wir schon wieder zurück in Indien, wo ich ursprünglich auch herkomme. Wenn du Lust hast, schreib mir doch mal, dann erzähle ich dir, was ich hier alles erlebt habe und gebe dir Tipps, wo es in Siegen schön ist, oder ich erzähle dir von meiner tollen Heimat Indien. Meine E-Mail-Adresse ist: rana.bengore@yahoo.com

Das klang interessant, eine gute Idee! Das hätte sie in ihrem Haus in Mainz auch machen sollen, um noch den Kontakt mit den ihr liebgewordenen Räumen aufrechtzuerhalten. Sie wusste, dass auch dort eine Familie mit zwei Kindern einziehen würde.
   »Rana«, war das ein Jungen- oder ein Mädchenname? Vielleicht war Rana eines der Kinder auf dem Foto vor dem Tempel. Was der- oder diejenige wohl gerade tun würde? Wie spät war es jetzt in Indien? Ob Rana auch so stark Heimweh hatte, nach Siegen? Nein, bestimmt nicht, er oder sie war ja nur drei Jahre in Siegen gewesen, Lena war schon in Mainz geboren worden.
   Heute würde sie nicht mehr schreiben, sie war müde und traurig.
   Lena schaute aus dem Fenster und konnte bis zur großen Straße sehen, die die ganze Stadt durchzog. Zwei Kirchtürme fielen ihr auf. Dahinter kamen wieder Häuser und ganz oben am Berg dann der Wald. Wald gab es wenig in Mainz. Warum musste sie eigentlich immer an Mainz denken?
   Gut, dass jetzt erst Samstag war und sie nicht vor Montag in die Schule musste. Bei der Vorstellung, als »die Neue« vorgestellt zu werden, war ihr überhaupt nicht wohl. Als Aische damals neu in ihre vierte Klasse gekommen war, hatte sie sich nicht besonders nett gegenüber dem Mädchen verhalten. Hoffentlich würde es ihr jetzt

nicht auch so ergehen. Ja, sie hätte nicht über deren weiten Rock lachen dürfen, aber es sah einfach so schrecklich altmodisch aus und die Stiefel dazu. Sie musste schmunzeln, als sie daran dachte – und doch waren sie später richtig gute Freundinnen geworden.

»Los, wir müssen ausladen, um uns in dieser leeren Wohnung wohler zu fühlen!« – Lenas Vater holte die Kinder aus ihren Gedanken. Jetzt gab es erst einmal viel zu tun, das war gut gegen die Angst und würde sie ablenken.

3.3.1.2 Didaktischer Kommentar

Einstieg

Material
- eine Umzugskiste (gibt es für ca. 2,50 Euro beim Baumarkt oder bei Möbelspeditionen), Zettel, Klebeband
- Ranas Brief kann, wie in der Geschichte beschrieben, in einen Umschlag verpackt und beschriftet mitgebracht und während der Geschichte von einem Kind vorgelesen werden

Wenn eine neue Unterrichtseinheit beginnt, ist es hilfreich, diese Zäsur auch deutlich zu machen. Dafür muss nicht unbedingt gleich zu Beginn das neue Thema genannt werden. In der Geschichte spielt der Umzug eine große Rolle. Viele Schülerinnen und Schüler sind in diesem Alter schon einmal umgezogen und wissen um die Schwierigkeiten und Ängste, mit denen eine solche Aktion verbunden ist. Durch den Wechsel des vertrauten räumlichen und sozialen Umfelds kommt es zu einer Verunsicherung. Die Verhaltensmuster in einer solchen Situation gleichen denen der Begegnung mit fremden Religionen (Ablehnung, fruchtloses Nebeneinander, weil Begegnung abgelehnt wird, Selbstaufgabe durch Vereinnahmung durch die anderen). Deshalb soll diese bekannte Situation aufgegriffen werden. Um darüber ins Gespräch zu kommen, kann zu Beginn eine Umzugskiste mitgebracht werden. Die Gefühle, die die Kinder mit Umzügen verbinden, werden auf Zettel geschrieben und auf die Kiste geklebt (Angst, Freunde verlieren, Außenseiterin sein, alles ist nicht mehr so schön wie vorher, die neuen Kinder sind gemein u. a.). Als Überleitung und Einstieg wird erklärt, dass die Protagonistin der Erzählung, die jeweils die kommenden

Stunden bestimmt, auch frisch umgezogen ist. Dann wird direkt das erste Kapitel vorgelesen.

Ablauf

Nach dem Vorlesen kann es in einigen Klassen spontan zu Rückfragen oder Kommentaren kommen (siehe thematische Gesprächsanlässe unten). Falls dem nicht so ist, können mit Hilfe einer Mindmap, die zur Orientierung zu Personen, Orten und Problemen auch in den folgenden Stunden weitergeführt wird, die Informationen gesammelt werden.[135]

In der Geschichte spricht Lena von einem Erinnerungsbuch, in das ihre Klassenkameraden der 5. Klasse ihr Dinge zur Erinnerung, aber auch Tipps, wie sie sich in der neuen Situation verhalten soll, geschrieben haben. Auf dieser Seite schreiben die Schülerinnen und Schüler einerseits über sich selbst (Woran sollen sich Mitschüler bei ihnen erinnern?), andererseits werden in den Verhaltensanweisungen Erfahrungen deutlich, die die Kinder mit solchen Fremdheitssituationen gemacht haben:

»Bleibe du selbst!«, »Irgendwann findest du Freunde, halte durch, die ersten Wochen sind hart!«, »Versuche nett zu sein, sprich andere an!«, »Manchmal ist ein Umzug auch eine Chance, mir geht es seither besser als davor.«

Die Seiten werden gestaltet und die Tipps für Lena vorgelesen und evtl. an der Tafel gesammelt. Die Frage »Gelten die Tipps nur für Neue?« kann besprochen werden.

Lena erinnert sich in der Geschichte, dass sie sich nicht gut verhalten hat, als Aische neu in die Klasse gekommen ist. Die goldene Regel fällt hier auf sie zurück, sie hat Angst, dass es ihr genauso gehen könnte. Auch dies kann als Gesprächsanlass dienen: Was beurteilt

---

135 Alle Arbeitsblätter sind in der separaten Publikation Mirjam Zimmermann, Feste in den Weltreligionen. Narratives Unterrichtsmaterial für die Sekundarstufe I. Göttingen 2015 abgedruckt. Hier finden sich zu diesem Kapitel: M1.1 Sich in der Geschichte zurechtfinden, M1.2 Ein Erinnerungsbuch: Tipps für eine neue Schule, M1.3 Christliche Feste.

man bei einem Neuen oder einer Neuen? Wie wirken Äußerlichkeiten? Wie kann man neuen Mitschülerinnen und Mitschülern eine Gelegenheit bieten, sich kennenzulernen? Was kann man die Neuen fragen, was besser nicht?

Als Vorbereitung der Hausaufgabe werden die christlichen Feste gesammelt, die in der Geschichte vorkommen, und durch weitere Feste ergänzt. Lena hat zu den Festen Fotos gemacht und diese als Erinnerung für sich kommentiert, so steht es in der Geschichte. Das sollen die Kinder auch tun. Dafür werden die Namen der christlichen Feste (siehe Liste unten) entsprechend der Anzahl der Kinder der Klasse auf kleine Zettel geschrieben und verteilt. Zu dem Fest, das das Kind erhalten hat, soll es, wenn möglich, eigene Bilder suchen und aufkleben, wenn vorhanden die biblische Geschichte mitbringen, und kurz erklären, was hier warum gefeiert wird. Die Feste werden in der nächsten Stunde vorgestellt, eigene Erfahrungen der Kinder damit werden eingebunden und durch Referate ergänzt und die gestalteten Seiten werden rund um einen Jahresfestkreis des Kirchenjahres (Weihnachtszeit: 1. Advent bis Dreikönig, Osterfestzeit: Aschermittwoch bis Pfingsten, sonstige Zeit im Jahreskreis) geheftet. Die Lebensfeste (Taufe, Kommunion, Konfirmation, Firmung, Hochzeit, [Beerdigung]) werden daneben gehängt. Damit jedes Kind ein Fest bekommt, sollten die wichtigsten Feste, zu denen Kinder eigene Bilder finden, wie Ostern, Weihnachten, Taufe, Konfirmation u. a., doppelt ausgegeben werden.

Liste der Feste

Advent, Nikolaus, Weihnachten, Dreikönig, Aschermittwoch, Palmsonntag, Karfreitag, Ostern, Christi Himmelfahrt, Pfingsten, Fronleichnam, Maria Himmelfahrt, Erntedank, Reformationstag, Allerheiligen, Allerseelen, St. Martin, Buß- und Bettag, Taufe, Hochzeit, Konfirmation, Kommunion, (Beerdigung)

Weitere Gesprächsanlässe
- Umgang mit dem Fremden: Ablehnung, Absorption, fruchtloses Nebeneinander, Verweigerung der Begegnung
- Heimweh
- Erinnerungshilfen – Möglichkeiten: Tagebuch, Briefe, Bilder u. a.

- Arbeitslosigkeit und die Folgen für die Familie
- Unterschiede zwischen der katholischen und der evangelischen Konfession
- CVJM
- Bedeutung von Festen: Fest als Beziehungsstärkung, Bedeutung für alte Menschen, Ausbruch aus dem Alltag, Rhythmusgeber, Krisenhelfer, als Katechismus, »Aushängeschild«, »Empfangshalle« und Katalysator für Begegnung[136], besondere Aktionen in der Kirche (Kreuzweg, Osterfeuer, lebendiger Adventskalender u. a.)
- Was meint der Pfarrer mit »ganz besonders fromm«?
- Verkleidung der Familie? Warum verkleidet man sich? Wann wird das in verschiedenen Kulturen gemacht? Evtl. Verweis auf das jüdische Purim-Fest
- Indien: Religion, Namen, Tempel
- Bethel: Diakonische Einrichtung mit vielen Kliniken und Wohnräumen für Menschen mit Handicaps
- der Sinn von Beten, erfolglose Gebete

3.3.2. Zweiter Zugang: Dem Fremden begegnen

3.3.2.1 Die Geschichte – Kapitel 2: »Muslimische Nachbarn«

Lena wachte als Erste auf, es musste noch früh sein, es war noch ganz dunkel in ihrem neuen Zimmer. Rechts hinter der Wand neben sich hörte sie einen seltsamen Singsang wie aus einer anderen Welt, über ihr schien jemand zu duschen. Sie spürte jeden Knochen von der anstrengenden Arbeit gestern, an die sie nicht gewohnt war. Aber sie hatten es tatsächlich geschafft, ihren gesamten Hausrat noch am Nachmittag und Abend auszuladen. Das war nur deshalb möglich gewesen, weil die Familie Yilmaz, die rechts neben ihnen wohnte, kräftig mitgeholfen hatte. Einfach so hatten alle mit angepackt und der Vater und die zwei Jungen im Alter von 13 und 15 hatten die Arbeit wirklich beschleunigt.

Währenddessen hatte deren Mutter für alle ein leckeres türkisches Essen gekocht. Der kleine Mohammed, gerade drei Jahre alt, spielte

---

136 Vgl. Sieg (2003), 146–148.

in der Ecke. So saßen sie am späten Abend dankbar in der hellen Essküche um den großen Tisch und erzählten ihre Geschichte und warum es sie nach Siegen verschlagen hatte.

Die Familie Yilmaz wohnte schon lange hier und sogar die Großeltern wohnten im gleichen Haus zwei Stockwerke darunter. Sie waren schon Rentner und als junge Leute als Gastarbeiter aus der Türkei gekommen. Oktay, der Vater, hatte in Siegen Maschinenbau studiert und arbeitete bei Rottler Maschinenbau. Die Söhne gingen aufs Fürst-Johann-Moritz-Gymnasium. Die jüngste Schwester Elif war 10 und eher schüchtern. Sie trug ein Kopftuch. Mit ihr hatte Lena nur wenige Sätze gewechselt. Ein Kopftuch in diesem Alter, das hatte bei ihnen in der Klasse und, soweit sie sich erinnerte, auch an ihrer Schule niemand getragen. Dabei wirkten die Eltern gar nicht so überreligiös. Lena hatte zwar die Gebetsteppiche im Wohnzimmer entdeckt und auch ein Bild, auf dem wohl Mekka abgebildet sein musste, daneben ein alter Mann im weißen Gewand, aber ansonsten sah die Wohnung ganz normal aus und Elifs Mutter war sehr freundlich und offen. Wer hätte sonst eine fünfköpfige Familie spontan zum Abendessen eingeladen und davor am heiligen Samstagabend noch stundenlang Sachen vom Wagen in den Aufzug und in die Wohnung getragen und dabei sogar die Sportschau verpasst?

Vielleicht trugen hier in Siegen ja alle Muslime ein Kopftuch. Schon vor dem Haus hatte sie eine Frau gesehen, die sogar noch das ganze Gesicht verschleiert hatte. Da konnte man nicht einmal erkennen, wie alt die war. Komisch sah das aus, fremd irgendwie. Eigentlich wusste Lena nicht viel vom Islam. In der dritten Klasse waren sie gemeinsam in der Moschee in Mainz-Kostheim gewesen. Daran erinnerte sie sich noch. Das war wie eine Art Gemeindezentrum, denn um den Gebetsraum mit dem riesigen Kronleuchter, den Waschräumen und dem Aufenthaltsraum waren kleinere Geschäfte drum herum gebaut. Derjenige, der sie geführt hatte, war völlig überzeugt von seiner Religion gewesen – beeindruckend und auch gleichzeitig abschreckend. Außerdem hatte die Lehrerin einen Koran in den Unterricht mitgebracht und sie bestaunten alle die arabischen Schriftzeichen. Solche waren auch über das Bild von Mekka gemalt.

Damals mussten sie die fünf Säulen des Islam auswendig lernen, das wurde im Relitest abgefragt. Blöd eigentlich, dass es sogar in Reli

Tests gab. Ob sie sich noch erinnerte? Meistens lernte man das Zeug ja nur, um es schnell wieder zu vergessen, also:

Das Bekenntnis zu Gott (Jesus war für die Muslime ja nicht Gott, er war wie Mohammed nur ein Prophet), das Gebet, die Wallfahrt nach Mekka, die Verpflichtung zur Wohltätigkeit für die Armen. Verflixt, die letzte Säule fiel ihr nicht mehr ein. Vom Kopftuch aber stand da nichts. Warum konnte man sich mit so einem Ding freiwillig so verunstalten? Sie selbst würde so etwas nie anziehen, auch nicht, wenn ihre Eltern das von ihr verlangen würden. Seit sie im Gymnasium war, kaufte sie sich ihre Kleidung selbst. Das, was ihre Mutter ihr sonst immer mitgebracht hatte, gefiel ihr immer öfter nicht mehr und außerdem war das Einkaufen mit Jule zusammen so cool. Was hatten sie gelacht, wenn sie bei H&M die kürzesten Miniröcke anprobiert hatten, dazu Glitzertops und hohe Schuhe aus der Damenabteilung. Und danach hatten sie noch gemeinsam ein Eis gegessen. Jule, fast fing sie bei dem Gedanken an zu weinen, Jule war so weit weg. Ob sie hier je jemanden finden würde, mit dem sie auch so schöne Shoppingnachmittage verbringen würde? Wahrscheinlich gab es in Siegen nicht mal »H&M«. Und »Hollister«, wohin sie einmal nach Frankfurt gefahren waren, fand sie hier bestimmt nicht. Die Tüte hing wie zur Erinnerung in ihrem Zimmer. Am Ende der Welt trug man sogar Kopftücher – wo war sie da nur gelandet!

Hinter der Wand hörte sie es murmeln, ganz leise nur, als ob jemand etwas in einer fremden Sprache halb singend vorlas. Es könnte auch der Singsang eines Muezzins sein, davon hatte sie mal eine Aufnahme im Religionsunterricht gehört. Alle hatten gelacht, weil das so komisch geklungen hatte. Das musste bei den Yilmaz sein, ob sie wohl schon ihr Morgengebet abhielten? Ganz schön konsequent, wenn sie das jeden Tag so durchhielten. Was ihnen das Gebet wohl bedeutete? Sie selbst beteten nur vor dem Essen und früher hatten ihre Eltern mit ihnen beim Zubettgehen ein Abendgebet gesprochen. »Müde bin ich, geh zur Ruh, schließ die müden Augen zu« oder »Ich bin klein, mein Herz ist rein, soll niemand drin wohnen als Jesus allein!« So ein Quatsch, als ob das Herz von kleinen Kindern rein wäre, die machen doch mindestens genau so viel Mist wie ältere Kinder. Wenn sie da an ihren Cousin Tobias dachte, der gerade seiner Schwester so in den Arm gebissen hatte, dass die

Eltern zum Arzt fahren mussten. Oder daran, dass das Nachbarskind Sara mit immerhin schon vier Jahren alle Hausschuhe aus Ärger über ihr Fernsehverbot ins Klo geschmissen hatte. Von wegen »Ich bin klein, mein Herz ist rein!«

Nebenan murmelte es weiter. Eigentlich war Lena noch müde, es war Sonntag. Mussten die denn so früh beten, konnten sie das Gebet am Wochenende nicht einfach später machen? Bestimmt wollten deren Kinder doch auch einmal ausschlafen. Lena drehte sich auf die andere Seite. Sie betete am liebsten für sich allein, abends zum Beispiel, wenn sie schon im Bett lag. Dann fielen ihr immer besonders viele Dinge ein, für die sie bitten konnte: Dass es ihrer Oma nach der Operation wieder besser ging, dass der erste Schultag nicht so schlimm werden würde, dass sie bald neue Freunde finden würde. Nach welchen Kriterien Gott wohl die Gebete auswählt, die er erfüllt? In Mainz gab es dann immer auch ganz viel zum Danke-Sagen. Jetzt fiel ihr dazu gar nichts ein. Ja, sie hatte sogar eine Wut, weil Gott ihrem Vater keine neue Arbeit in Mainz geschickt hatte. Wie oft hatte sie ihn darum gebeten! Ob ihre muslimischen Nachbarn genauso zu Gott beteten? Sie erinnerte sich an einen Film zum Pflichtengebet, in dem man verschiedene Gebetshaltungen sehen konnte. Das war in der evangelischen Kirche einfacher: Sitzen oder stehen. In der katholischen Kirche konnte man noch knien. Und ihr Vater sagte, am liebsten betete er beim Spazierengehen im Wald. War die Haltung überhaupt wichtig für das Beten? Wichtiger war doch, was man sagte. Ob es sich lohnte, auch für Dinge zu beten, an die man selbst nicht glaubt? »Lieber Gott, mach, dass wir wieder zurück nach Mainz ziehen!«

Wenn sie jetzt in Mainz wäre, würde sie sich den Hund Momo ihrer Nachbarn schnappen und erst einmal eine große Runde spazieren gehen. Das hatte ihr immer gut getan, wenn ihr die Gedanken im Kopf herum gingen, und Momo hatte sich auch immer gefreut, wenn sich jemand um sie kümmerte. Leider wollten ihre Eltern keinen eigenen Hund und die Nachbarn hätte sie samt ihres Hundes auch nicht einfach in den Umzugswagen packen können. So hatte sie zu allem Übel auch noch Momo zurücklassen müssen. Sie zog sich die Decke über den Kopf – so mussten sich die Frauen mit der Vollverschleierung fühlen: Keiner sieht mich, ich höre alles gedämpft, ich habe mit der Welt nichts zu tun, ich gehöre nicht dazu. Manchmal tat das gut. Aber immer so leben zu müssen ...

Heute würde sie wohl mal nach draußen gehen. Mal schauen, wer da noch so wohnte und was es unten auf der Straße zu entdecken gab. Vielleicht sollte sie jetzt schon mal hinausgehen, ein paar Brötchen holen und den Essenstisch richten. Der stand ja schon in der Küche, wenn auch die Stühle noch verpackt im Flur aufgereiht waren.

3.3.2.2 Didaktischer Kommentar

Einstieg

Lena wacht von einem »komischen Singsang wie von einer anderen Welt« auf, den sie von der Wohnung auf der anderen Seite ihrer Schlafzimmerwand hört. Es wäre denkbar, zum Einstieg in die Stunde den Ruf eines Muezzins als Tonbandaufnahme abspielen zu lassen. Dieser Gebetsruf wird beschrieben, das christliche Äquivalent (Glockenläuten als Einladung in die Kirche) wird besprochen. Auch hier soll die kulturelle und religiöse Fremdheit deutlich werden. So wie das Glockengeläut bei Fernsehgottesdiensten übertragen wird, kann man den Ruf des Muezzins ebenfalls im Fernsehen oder im Radio empfangen.

Ablauf

Nach dem kurzen Einstieg über das akustische Signal »Muezzinruf« wird davon ausgehend das zweite Kapitel der Erzählung vorgelesen. Mit Hilfe einer Hausabbildung können weitere Personen eingetragen werden, um sich über die Personen wieder in die Handlung einzufinden und diese zu wiederholen.

Zentral soll in diesem Kapitel über das Gebet gesprochen werden. Dafür wird zuerst in einer Tabelle gesammelt, wie, wann und warum die Kinder der Klasse beten.

Lenas Fragen bestimmen dabei den Gang des Gesprächs:
- Ist es wichtig, welche Position man einnimmt und an welchem Ort man betet?
- Nach welchen Kriterien Gott wohl die Gebete auswählt, die er erfüllt?
- Lohnt es sich, auch für Dinge zu beten, an die man selbst nicht (mehr) glaubt?

- Wie betet Lena? Wann und mit wem betet sie?
  Wie betet ihr zu Hause? Alleine oder mit Eltern? Habt ihr ein festes Gebet oder betet ihr frei?

Um Informationen zu bekommen, wie im Islam gebetet wird, muss recherchiert werden. Der Text »Das Gebet im Islam«, in dem ein Kind erklärt, wie bei ihnen in der Familie gebetet wird, könnte hier z. B. gelesen werden.[137] Damit kann in Ergänzung des ersten Teils der Tabelle die andere Hälfte eingetragen werden.

Denkanstoß für das Abschlussgespräch könnte sein: Stellt euch vor, Lena ist bei der Familie Yilmaz zum Kaffeetrinken eingeladen und es wird Zeit für ein Gebet der Familie. Wie könnte Lena sich nun verhalten?

Weitere Gesprächsanlässe
- Welche Gotteshäuser wurden schon besucht? Wer war schon in einer Synagoge oder Moschee, welche Besonderheiten gibt es dort?
- Wo haben die Schülerinnen und Schüler schon Gastfreundschaft und solche außergewöhnliche Hilfsbereitschaft erfahren? Wo waren sie selbst schon daran beteiligt?
- Wie sieht ein Koran aus? Was steht da drin? Wie ist er aufgebaut?
- Wie heißt die fünfte Säule im Islam?
- Soll man im Religionsunterricht Klassenarbeiten schreiben?
- Wie kann Lernen sinnvoll sein, so dass man die Inhalte nicht nur für die Überprüfung in Erinnerung behält?
- Was ist das Schöne am »Shoppen«?
- Sind kleine Kinder nur lieb oder können die auch schon böse sein/schuldig werden/sündigen?
- Hunde als Haustiere, Ablehnung der Eltern

---

137 Mirjam Zimmermann, Feste in den Weltreligionen. Narratives Unterrichtsmaterial für die Sekundarstufe I. Göttingen 2015.

3.3.3 Dritter Zugang: Purimfest und Beschneidungsfeier

3.3.3.1 Die Geschichte – Kapitel 3: »Familie Goldberg und die unbekannten Feste«

Huch, was war das denn? Ein kleines Päckchen vor ihrer Wohnungstür. Ganz leise war Lena zur Eingangstür geschlichen, denn sie wollte ja niemanden aufwecken, bevor sie alle mit frischen Brötchen zu einem 5-Sterne-Frühstück wecken würde. Leider fehlten die Brötchen noch und sie hatte keine Ahnung, wo sie im fremden Siegen einen Bäcker finden würde. In Mainz, ja da kannte sie den besten Bäcker der Stadt, aber hier? Nun stand da dieses Päckchen. Was konnte das wohl sein und wer hatte es schon so früh dort hingelegt, fragte Lena sich verwundert.

Evtl. Unterbrechung

Als sie dann unten auf der Straße ankam, schaute sie sich erst einmal in der neuen Wohngegend um. Es war überall noch sehr ruhig. Die meisten Menschen lagen bestimmt noch in ihren Betten und schliefen. Schließlich war es noch ziemlich früh. Sie ging die Straße entlang, bis zur nächsten Kreuzung. Plötzlich sah sie ein Mädchen, das an der Ampel stand und wartete. War das nicht das Mädchen, welches sie gestern Abend in ihrem Hausflur gesehen hatte? Zusammen mit anderen Kindern war sie doch verkleidet gewesen? Noch einmal gingen ihr die Bilder durch den Kopf. Warum waren die eigentlich kostümiert gewesen? Es war doch kein Karneval? Lena beeilte sich, um das Mädchen an der Ampel einzuholen. Die konnte ihr auch bestimmt sagen, wo sich der nächste Bäcker befand. An der Ampel angekommen bemerkte das Mädchen, dass Lena neben ihr stand. »Hallo«, sagte sie. »Bist du auch schon so früh auf?« »Ja, ich wollte Brötchen holen. Nur weiß ich nicht, wo der Bäcker ist. Kannst du mir vielleicht sagen, wo ich ihn finde?« »Ja, klar«, sagte das Mädchen. »Das mach ich gerne! Komm mit, ich führe dich direkt dorthin, denn ich bin auch auf dem Weg, um Brötchen zu holen, ich bin heute dran. Ich bin übrigens Sarah, und wie heißt du?« »Ich heiße Lena«, antwortete sie. Beim Bäcker kauften die beiden Mädchen verschiedene Brötchen, auch hier erschien es Lena, als hätten die in Mainz leckerer ausgesehen.

Auf dem Heimweg war eine gute Gelegenheit zu fragen, was es mit dieser Verkleidung von gestern auf sich hatte, dachte Lena. »Weshalb seid ihr gestern alle verkleidet gewesen?«, fragte sie mutig. »Hattet ihr einen Kindergeburtstag?« »Aber nein«, sagte Sarah. »Wir haben Purim gefeiert und da verkleidet man sich bei uns.« »Purim«, wiederholte Lena, »Was ist das?« »Wir sind Juden, Lena. Und wenn wir Purim feiern, erinnern wir uns daran, wie die Königin Esther die Juden in Persien vor Haman, einem Beamten des Königs, gerettet hat. Denn der wollte alle Juden im Reich umbringen. Dieser Tag sollte durch ein Los festgesetzt werden. Wenn wir uns daran erinnern, freuen wir uns und feiern in unserem Gottesdienst und mit der Gemeinde ein Fest. Zu diesem Fest verkleiden sich alle und sind ganz fröhlich und ausgelassen. Wir Kinder rasseln mit sogenannten Ratschen jedes Mal ganz laut, wenn der Name ›Haman‹ in der vorgelesenen Geschichte erwähnt wird. Außerdem beschenkt man seine Familie, Freunde und Nachbarn mit kleinen Päckchen, in denen mindestens zwei verschiedene essbare Sachen sind, und meistens sind da auch selbstgebackene Hamantaschen drin. Das sind dreieckige Kekse, die mit Mohn gefüllt sind. Diese Taschen sollen eigentlich Hamans Ohren sein, aber das ist nur zum Spaß so ausgedrückt. Zusätzlich beschenkt man auch arme Menschen mit Geld«, erklärte Sarah.

Vor lauter Erzählen merkten die beiden Mädchen gar nicht, wie sie schon wieder vor ihrer Haustür standen. »Ich wünsche dir noch einen schönen Tag«, sagte Sarah. »Den wünsche ich dir auch!«, erwiderte Lena. »Was ich dir aber jetzt noch ganz schnell erzählen muss«, platzte Sarah heraus und strahlte dabei über das ganze Gesicht, »im Moment freue ich mich ganz besonders, denn ich habe nämlich einen kleinen Bruder bekommen. Er heißt Levi und ist gestern Nacht geboren worden!« »Oh, das freut mich für dich!«, sagte Lena. »Vielleicht kann ich euch ja einmal besuchen«, sagte Lena schüchtern. »Mach das unbedingt!«, antwortete Sarah. Die beiden Mädchen verabschiedeten sich herzlich und versprachen, sich bald zu besuchen. Lena spazierte mit ihrer Brötchentüte die Treppe hinauf und dachte über die Dinge nach, die Sarah ihr erzählt hatte. Ob das Geschenk vor ihrer Wohnungstür vielleicht von ihr gewesen ist? Das musste sie unbedingt herausfinden. Warum hat Sarah dann aber nichts gesagt?

Und überhaupt wollte sie Sarahs Familie näher kennenlernen und etwas mehr über sie erfahren.

Lena wusste nämlich zu diesem Zeitpunkt noch nicht, dass Sarahs Eltern orthodoxe Juden waren, denn den Vater hatte sie noch nicht zu Gesicht bekommen, sonst hätte sie das bestimmt sofort an seiner Frisur mit den Schläfenlocken bemerkt oder an der Kippa. Bis vor zwei Jahren lebte die Familie in Israel. Ihre Familie, das waren ihre Mutter Mirjam, der Vater Avraham und ihr Bruder Reuven. Sie waren also auch vor nicht allzu langer Zeit umgezogen, von Haifa ins kalte Deutschland. Die Sprache mussten sie glücklicherweise nicht erst noch lernen, denn ihre Vorfahren waren deutsche Juden gewesen und daher konnten sie ganz gut deutsch sprechen. Zu Hause aber sprachen sie immer Hebräisch miteinander. Als orthodoxe Juden befolgten sie auch im Alltag das jüdische Religionsgesetz. Sie ernährten sich streng koscher und beachteten viele Regeln mit größter Genauigkeit, zum Beispiel die Gesetze des Schabbats, der Beschneidung und vieles mehr. Aber das alles wusste Lena damals noch nicht.

Was hatten sich die Eltern über ihr tolles Frühstück gefreut! Dabei erzählte sie von ihrer Begegnung und besonders vom Purimfest, über das Sarah berichtet hatte. Außerdem öffneten sie alle zusammen das Päckchen und entdeckten darin kleine selbstgebackene Gebäckstücke. Das müssen bestimmt diese Hamantaschen sein, vermutete Lena. Die konnten nur von Sarahs Familie kommen. Das war wirklich ein schönes Begrüßungsgeschenk, so aufmerksam!

Aber damit nicht genug: Am Nachmittag traf Lenas Vater auf dem Hausflur Sarahs Mutter, die auch schon in die Begegnung der Mädchen eingeweiht schien. Herzlich bedankte sich Lenas Vater für das nette Begrüßungsgeschenk und bekam gleich noch eine Einladung ins Haus der Goldbergs. Lenas ganze Familie war nun zur Beschneidungsfeier des Säuglings am kommenden Wochenende eingeladen. Lena fand das außerordentlich aufregend. Ohne zu wissen, was das eigentlich war, wollte sie unbedingt an der Feier teilnehmen. Zudem war dies eine tolle Gelegenheit, den kleinen Levi einmal zu sehen, dachte sie. Lenas Vater war allerdings nicht ganz so überzeugt von dem Gedanken, an dem Gottesdienst teilzunehmen. Er schien sogar ein wenig verhalten zu sein und wollte nicht so richtig mit der Sprache herausrücken, was so eine Beschneidungsfeier eigentlich genau war. Zu Hause hatte es dann einige Diskussionen darüber gegeben, die beinahe zu einem Streit geführt hätten. Lenas Mutter konnte die Situation glücklicherweise geschickt wenden. Sie ermutigte Lena, in einem Lexikon nachzusehen, um herauszufinden, was es mit dieser Beschneidung bei den Juden auf sich hatte. Dort entdeckte sie folgende Beschreibung:

Brit Mila (Beschneidung):
Jedes Kind einer jüdischen Mutter ist automatisch Jude oder Jüdin. Zur Geburt wird oft ein Weihe- oder Dankgottesdienst in der Synagoge gefeiert. Wenn ein Junge geboren wird, findet dieser Gottesdienst acht Tage nach der Geburt statt, also wenn das Kind die Geburt sicher überstanden hat. Dabei erfolgt die Brit Mila (Beschneidung), bei der die Vorhaut des Gliedes von einem Mohel, einem besonders ausgebildeten Juden, abgetrennt wird. Häufig sind Mohels auch Rabbiner. Bei dieser Zeremonie bekommt der Junge seinen Namen. Die Brit Mila ist im Judentum das Zeichen des Bundes, den Gott mit dem Volk Israel geschlossen hat. Es ist das äußere Zeichen der Zugehörigkeit zum Judentum. Wenn ein Mädchen geboren wird, gibt der Vater dessen Namen am Schabbat in der Synagoge bekannt und spricht ein besonderes Gebet.[138]

Der Lexikoneintrag stimmte Lena nun noch neugieriger als zuvor. Es wäre wirklich interessant, dachte sie, wenn wir als Familie bei der Feier dabei sein könnten. Vielleicht war es aber auch peinlich, da zusehen zu müssen. Sie könnte ja einfach wegschauen. Außerdem war es doch bestimmt sehr unhöflich, eine so besondere Einladung abzuschlagen, überlegte sie weiter. Sie nahm sich fest vor, noch einmal in Ruhe mit ihrem Vater über diese Sache zu reden. Ob er wohl bereit war, seine Meinung darüber noch zu ändern?

---

138 Vgl. auch online unter: http://www.talmud.de/tlmd/ (Zugriff am 10.06.2014).

3.3.3.2 Didaktischer Kommentar

Einstieg

Ein Päckchen mit Purimkeksen[139] verpackt in einer bunten Schachtel kann ein schöner Stundeneinstieg sein, der die Aufmerksamkeit bündelt, denn alle sind neugierig, was da drin verpackt sein könnte. Das Päckchen wird ausgepackt, ein Schüler beschreibt für die anderen, wie die Purimkekse schmecken, je nach Klasse können dann alle versuchen oder die Verkostung wird auf das Ende der Stunde verschoben, um nicht zu viel Unruhe zu produzieren.

Denkbar ist auch, die Geschichte bis zur möglichen Unterbrechung vorzulesen und dann das Päckchen zu öffnen.

Ablauf

Im Anschluss wird dann die Geschichte vorgetragen, die Kinder werden gefragt, ob sie die Esthergeschichte kennen. Diese wird dann entsprechend dem Purimbrauch vorgelesen (vgl. die jüdischen Kinderbibel: www.zwst-hadracha.de) und jeweils wird mit den Rasseln gerasselt, wenn der Name Haman genannt wird. Die Handlung wird noch einmal wiederholt, indem die Schülerinnen und Schüler sich gegenseitig die Geschichte nacherzählen. Gemeinsam wird überlegt, warum die Esthergeschichte auch im Christentum bekannt ist (vielleicht können manche Kinder aus Kinderbibelwochen, dem Kindergottesdienst oder Ähnlichem davon erzählen), die gemeinsame Schriftgrundlage kommt in den Blick.

Zweites Thema ist die Beschneidung, die durchaus auch eine zweite Stunde ausfüllen könnte. Anhand des kurzen Informationstextes oder eines Rechercheauftrags können die Schülerinnen und Schüler in Einzelarbeit die Leitfragen bearbeiten. Je nach Interessenslage der Kinder kann an dieser Stelle durchaus auch kontrovers zum Thema diskutiert werden.

Die beschriebene Szene am Ende inspiriert zu einer Diskussion zwischen Lena und ihrem Vater. Argumente für beide Seiten wer-

---

139 Die Purimgeschichte, das Rezept für Hamantaschen u. a. finden sich in: Mirjam Zimmermann, Feste in den Weltreligionen. Narratives Unterrichtsmaterial für die Sekundarstufe I. Göttingen 2015.

den in Gruppen gesammelt, dann wird ein solches Zweiergespräch als szenisches Spiel inszeniert.

Weitere Gesprächsanlässe
- Sich neu in einer Stadt orientieren – Was hilft dabei?
- Warum wirkt alles Fremde erst einmal abschreckend und negativ?
- Wie verhält man sich, wenn man mit jemandem Kontakt aufnehmen möchte?
- Festgebäck im Christentum (Martinsmänner, Martinsgans, Weihnachtsplätzchen u. a.) und im Islam
- Das Alte Testament als Teil der christlichen Bibel
- »Peinliche« Rituale: Beschneidung, Segnung, Heilungsrituale etc.

3.3.4 Vierter Zugang: Ramadan und Fastenbrechen

3.3.4.1 Die Geschichte – Kapitel 4: »Der erste Schultag«

Da war er nun also, der erste Schultag. Lena konnte nicht wirklich sagen, dass sie sich darauf gefreut hatte. Die Begegnung mit Sarah hatte ihr zwar gezeigt, dass in Siegen sehr wohl auch nette Menschen wohnten. Aber ob das auch für ihre neue Klasse galt? Was, wenn sie niemand mögen würde? Was, wenn niemand mit ihr sprechen würde? Oder schlimmer noch, sie auslachen würde? Stundenlang hatte sie ausgewählt, was sie heute anziehen wollte. Gestern war so ein schöner Tag gewesen und Lena war gespannt, was sie mit Sarah noch alles erleben könnte. Ja, vielleicht hatte sie gestern ihre erste Freundin in Siegen gefunden. Doch leider ging die nicht auf ihre Schule …

Lena kramte ihr Erinnerungsbuch noch einmal hervor. Da waren doch einige Tipps zu finden:

»Am besten du verhältst dich so wie immer«, »Sei einfach nett zu allen«, »Sei nicht mehr traurig und schließe Freundschaften«, stand da.

Das Buch gab ihr Trost und die Tipps waren wirklich wertvoll. Ja, das wollte Lena tun, Freundschaften schließen. Lena schnappte sich also ihre Lieblingsklamotten, zog sich an und brach nach einem kurzen Frühstück, bei dem sie nicht so viel herunterbekam wie sonst, zur Schule auf. Das Fürst-Johann-Moritz-Gymnasium, ihre neue

Schule, war gar nicht so weit weg, sodass sie zu Fuß dorthin gehen konnte. Da Johannes auf die Realschule und Matthias erst auf die Grundschule ging, konnte sie beim Schulweg nicht zusammen mit ihren Brüdern sein. Lena wurde es wieder etwas mulmig, obwohl ihr Mama und Papa noch viel Spaß und viel Erfolg gewünscht hatten. In solchen Situationen legte ihre Mutter ihr dann immer die Hand auf den Kopf und sprach einen Segen. Eigentlich fühlte sie sich für solche Rituale zu alt, aber weil sie es schon immer so gewohnt war, tat das gut. Die Anspannung fiel von ihr ab. Sie fühlte, da war jemand bei ihr, zuverlässig und treu. Sie hatte auch den kleinen Engel eingepackt, den ihr ihre Oma einmal zum Geburtstag geschenkt hatte. Konnte ja nicht schaden.

Vor der Haustür angekommen atmete sie noch einmal tief durch und wollte gerade losgehen, als die Haustür hinter ihr wieder aufging.

Elif und ihre Brüder kamen aus dem Haus und lächelten sie an. Hmm ... Lena dachte kurz nach. Hatten die Jungs ihr nicht am Einzugstag erzählt, dass sie auch aufs Fürst-Johann-Moritz-Gymnasium gingen? Elif etwa auch? Die war doch in ihrem Alter ... Konnte es sein, dass sie bereits eine ihrer neuen Klassenkameradinnen kannte?

Lena räusperte sich: »Hm. Guten Morgen, Elif, guten Morgen ... Ähh ...« Sie hatte die beiden Jungen gar nicht nach ihren Namen gefragt. Dass sie 13 und 15 waren, das hatten sie erzählt. Aber so konnte sie die ja jetzt auch nicht ansprechen.

Der Ältere half ihr auf die Sprünge: »So richtig vorgestellt haben wir uns gar nicht, oder? Ich bin Ergün, das ist Metin und das ist unsere kleine Schwester Elif. Dein Name war Lena, richtig?«

»Ja, genau. Wir gehen auf die gleiche Schule, glaube ich.« Und so schloss sich Lena den drei Nachbarskindern an und war heilfroh, nicht allein zur Schule gehen zu müssen. Tatsächlich stellte sich heraus, dass Elif in ihre Klasse ging. Puh, so musste sie zumindest nicht alleine mit dem Lehrer die Klasse betreten, sondern konnte von Elif schon einmal ein paar Klassenkameraden vorgestellt werden.

Und siehe da, schon bevor der Lehrer hereinkam, hatte sie 17 neue Namen gehört und davon 14 schon wieder vergessen. Aber die würde sie schon noch lernen, immer langsam. Bisher waren auch alle wirklich nett zu ihr gewesen, und Elif hatte sie allen sehr lieb vorgestellt. Der Platz neben ihr war auch noch frei und sie setzte sich gleich dorthin, als alle zusammen auf den Klassenlehrer warteten. Die war echt richtig nett, die Elif. Vielleicht könnten sie sich heute nach der Schule noch treffen. Eine Frage brannte Lena nämlich noch unter den Fingernägeln und sie hoffte, dass sie ihr die einfach so stellen konnte, ohne dass Elif beleidigt war. Sie musste unbedingt wissen, warum Elif ein Kopftuch trug.

Dann kam der Lehrer, Herr Müller, in die Klasse. Er sah sehr verwirrt aus. »Hallo Kinder, also eigentlich sollten wir heute eine neue Schülerin bekommen, aber auf dem Flur stand niemand.« Er blickte sich in der Klasse um und sah dann Lena zerstreut an. »Na, wer bist denn du?« Ein Junge lachte: »Aber Herr Müller, das ist doch die Lena. Die ist doch schon eeewig in unserer Klasse. Wissen Sie das nicht?« Die ganze Klasse lachte, Lena auch. Sie gehörte also schon dazu. Der arme Herr Müller blätterte verwirrt im Klassenbuch und seinen Unterlagen. Da musste Lena ihm jetzt aber helfen: »Nein nein, Herr Müller. Ich bin die neue Schülerin, ich bin nur schon mal vorher reingegangen.«

Da war Herr Müller beruhigt, vorher hatte Lena den Eindruck gehabt, er zweifle kurzzeitig an seinem Verstand.

Und so ging auch der erste Schultag ziemlich schnell vorüber. Lena brannte schon darauf, Elif auf dem Rückweg zu fragen, ob sie sich für den Nachmittag nach den Hausaufgaben verabreden wollten, um irgendwo an einen hübschen Ort in Siegen zu gehen und ein wenig zu quatschen.

Elif sagte sofort ja und so machte sich Lena zügig nach dem Mittagessen an ihre Aufgaben, um keine wertvolle Zeit zu verlieren. Hausaufgaben waren so langweilig und eigentlich überflüssig. Die Schüler, die sie nötig gehabt hätten, machten sie nicht oder schrieben sie ab, und die, die sie eigentlich nicht brauchten, verbrachten die schönsten Stunden des Nachmittags damit. Hausaufgaben sollte man gleich freiwillig aufgeben. Um 16 Uhr klingelte sie bei Familie Yilmaz. Elif öffnete ihr die Tür. Die beiden machten sich sofort auf den Weg. Elifs Mama gab ihnen noch Gebäck und eine Flasche Wasser mit und so machten die beiden ein Picknick.

Lena könnte sich daran gewöhnen, ständig selbstgebackene Köstlichkeiten essen zu dürfen. Kochen und Backen konnte Elifs Mama wirklich hervorragend. Das sagte Lena Elif auch und die antwortete: »Dann sei froh, dass ihr nicht im Ramadan hierhergezogen seid.« Lena kramte in ihrem Gedächtnis. Ramadan, das hatte sie schon mal gehört. Sie musste ein ziemlich nachdenkliches Gesicht gemacht haben, denn Elif lachte und erklärte sofort: »Im Moment ist kein Ramadan, aber im neunten Monat in unserem islamischen Kalender fasten wir Muslime. Das machen wir, weil Gott es uns vorgeschrieben hat und in Erinnerung an den Propheten Mohammed, dem wir sehr viel zu verdanken haben. Unter anderem den Koran, unser heiliges Buch. Seine ersten Offenbarungen erhielt er im neunten Monat. Und deshalb fasten wir heute im Ramadan. Bis zum Sonnenuntergang sollen wir dann weder essen noch trinken. Das ist alles nicht wichtig. Wichtig sind dann nur Allah und das Gebet. Aber das Fasten beschränkt sich nicht nur darauf, während des Tages nichts zu essen und zu trinken. Wir sollen auch nicht streiten und z. B. keine Schimpfwörter sagen. Außerdem denken wir an diejenigen, die immer so wenig zu essen haben – Menschen in Not, Menschen auf der Flucht, Menschen in Hungerregionen. Wenn du selbst so viele Stunden nichts getrunken hast, wird dir plötzlich bewusst, wie wertvoll ein Glas Wasser ist. Deshalb ist die Bereitschaft zu spenden, etwas von seinem eigenen Besitz abzugeben am Ende des Ramadans besonders groß.«

Lena krampfte sich der Magen ein wenig zusammen. Von morgens bis zum Sonnenuntergang nichts essen? Und das erzählte Elif ihr bei diesem leckeren Picknick? Da gehörte ganz schön viel Willenskraft dazu. »Und dann? Nach Sonnenuntergang?«, fragte sie.

»Na, dann kommt das Fastenbrechen. Jeden Abend. Das ist immer sehr schön. Wir essen dann alle zusammen, die ganze Familie, manchmal auch noch Freunde. Jeder Abend ist ein riesiges Fest. Und dann sind unsere Mitmenschen wichtig. Wir denken daran, dass wir aufeinander vertrauen können.«

Lena gefiel dieser Brauch gut, also das mit dem Fastenbrechen. Das konnte sie sich gut vorstellen, so ein richtig tolles Festmahl. Sollte sie das auch mal in ihrer Familie einführen? Also … ohne dafür den ganzen Tag nichts zu essen. Einfach zusätzlich. Aber das galt dann bestimmt nicht. Lena grinste bei dem Gedanken an so viel leckeres Essen abends. Bloß von morgens bis abends nichts zu essen und nicht einmal zu trinken, stellte sie sich irre schwierig vor.

Klar, in der Schule hatten sie mal über die christliche Fastenzeit gesprochen. Aber die hatte andere Gründe. Ihre Mutter machte immer bei »Sieben Wochen ohne« mit. Einmal hatte sie keine Schokolade gegessen, einmal ihr Smartphone nicht mehr benutzt, einmal auf Fleisch verzichtet. Ihr Vater hat sich darüber immer lustig gemacht und gesagt, dass sein Gott keine Opfer bräuchte, das hätte wohl mit ihrer katholischen Mutter zu tun.

Aber natürlich durfte man auch bei »Sieben Wochen ohne« über den Tag schon trinken und essen. Sie bewunderte Elif, dass sie das einen Monat lang durchhielt. Da fiel ihr plötzlich wieder ein, was sie Elif die ganze Zeit schon fragen wollte.

»Elif, ich habe noch eine Frage, wenn ich darf?« »Na klar, frag mich einfach.« Lena holte tief Luft: »Also, naja, weißt du, du bist ja so alt wie ich und … hmm … trotzdem musst du schon ein Kopftuch tragen …« Elif kicherte: »Ach, das meinst du. Na, ich MUSS das doch nicht tragen, ich WILL!« Lena stutzte: »Ehrlich? Freiwillig? Auch im Sommer, wenn es richtig heiß ist? Wieso denn?« Elif lachte: »In den Ferien besuchen wir manchmal Verwandte in der Türkei. Da würde ich den Sommer in Siegen jetzt nicht wirklich als heiß bezeichnen. Aber ja, auch im Sommer trage ich das. Vom Schleier steht auch nichts im Koran. Da steht nur, dass Frauen sich züchtig kleiden sollen, in erster Linie als Schutz vor fremden Männern. In unserer Tradition ist dann im Laufe der Jahrhunderte das Tragen des Kopftuchs daraus geworden. Es zeigt, ich bin Muslima und ich stehe dazu. Vielleicht kann man das mit einem Kreuz vergleichen, das manche Christen als Schmuck tragen. Üblich und in manchen Familien verpflichtend ist das zwar erst ab der Pubertät, aber ich gehöre doch auch dazu und ich bin die Jüngste in unserer Familie. Also habe ich irgendwann einfach beschlossen, auch ein Kopftuch zu tragen. Und ich fühle mich wohl damit.«

So hatte Lena das noch gar nicht gesehen. Sie war froh, einmal Elifs Sicht der Dinge zu erfahren. Sie trug das Kopftuch also freiwillig, um ihre Religion und ihre Kultur zu zeigen. Das war ziemlich stark, fand Lena. Sie selbst hatte auch so eine Kreuzkette, aber das hatte sie immer nur als Schmuck gesehen. Dass Elif das als religiöses Bekenntnis betrachtete, erstaunte sie nun.

Den Rest des Nachmittags verbrachten Lena und Elif noch beim Picknick und sie hatten eine Menge Spaß zusammen. So erfuhr Lena eine ganze Menge Dinge über ihre Klasse, die Schule und den Klassenlehrer, der doch eigentlich ganz in Ordnung war.

Abends vor dem Zubettgehen dachte Lena nochmal über den Tag nach. So viel hatte sie erlebt und erfahren. Ihre Eltern schliefen schon und hatten vor lauter Umzugsstress beim Abendessen auch keine Zeit gehabt, ihr zuzuhören. Aber irgendwem musste sie ihre ganzen neuen Erlebnisse doch erzählen. Den ersten Schultag, die Begegnung mit Elif und ihrer Familie und die vielen, vielen Gedanken, die ihr im Kopf herumschwirrten. Da fiel ihr der Brief von Rana wieder ein …

3.3.4.2 Didaktischer Kommentar

Einstieg

Material: Schal für Kopftuch (Elif), Schlägerkappe (Johannes), Rassel (Sarah)

Zur Hinführung und Wiederholung der Geschichte steht zu Beginn der Stunde eine Rollenbefragung mit folgender Anweisung der Lehrkraft:

Ich brauche jetzt vier freiwillige Schauspielerinnen bzw. Schauspieler: Sarah, Lenas Bruder Johannes, Elif und Lena (vorher Namen an Tafel schreiben, sodass sie sich dort aufstellen können, Elif bekommt ein Kopftuch, Johannes eine Kappe, Lena ihren Schulranzen, Sarah die Rassel).

Wir führen jetzt eine Befragung der Figuren, die wir kennengelernt haben, durch. Ihr stellt ihnen nun bitte Fragen zu Themen und Zusammenhängen, die wir schon über sie erfahren haben.

Und ihr vier antwortet auf diese Fragen mit den Informationen, die ihr aus den letzten Wochen wisst. Zuerst Sarah, dann Johannes, dann Elif, dann Lena.

Die Befragung kann sowohl vor als auch nach dem Vorlesen dieses Kapitels erfolgen.

Ablauf

Obwohl das Kapitel manche Gesprächsanlässe bietet, soll die inhaltliche Ausrichtung auf das Thema »Ramadan – Fasten« fokussiert werden. Nach der inhaltlichen Sicherung durch die Rollenbefragung, durch die ein Rollenwechsel (Mann–Frau, Aspekte religiöser Identität) eingeübt wird, kann in einem Unterrichtsgespräch Ramadan/Fastenbrechen zum Thema gemacht werden. Ein Tafelbild beschreibt die Bedeutung des Fastens im Islam und im Christentum.[140] Als Hausaufgabe stehen die Reflexion der Erfahrungen mit Fremdsein und Lenas Interesse an anderen Religionen im Zentrum, wenn die Schülerinnen und Schüler die in der Erzählung beschriebene E-Mail an Rana schreiben sollen.

Weitere Gesprächsanlässe
- Segen, Segensrituale
- Glücksbringer, christliche Zeichen und Dingsymbole wie z. B. Lenas Engel – Glaube/Aberglaube
- Gruppendruck durch Kleiderordnung
- Bedeutung des Kopftuchtragens im Islam
- Sinn und Unsinn von Hausaufgaben
- »Sieben Wochen ohne«, sinnvolle Fastenaktionen – Wie können sich Kinder da beteiligen, wo zeigen sich Abhängigkeiten?
- Braucht Gott Opfer? – Sinn des Fastens

3.3.5 Fünfter Zugang: Chanukka

3.3.5.1 Die Geschichte – Kapitel 5:
»Der neunarmige Adventskranz«

Als Lenas Wecker klingelte und sie die Augen öffnete, musste sie erst mal blinzeln. Irgendetwas blendete sie. War das etwa? Sie lief so schnell sie konnte zum Fenster. Ja, es war tatsächlich Schnee! In den letzten Monaten hier in Siegen hatte es fast nur geregnet. Oft war die Sonne wirklich nicht zum Vorschein gekommen. Aber außer dem vielen Regen hatte sie viele andere Dinge in den vergangenen Monaten erlebt. Lena dachte daran, wie gut und wie schnell sie sich in Siegen eingelebt hatte und wie einfach es gewesen war, neue Freunde zu finden. Sie fühlte sich so wohl in Siegen, dass sie

---

140 Mirjam Zimmermann, Feste in den Weltreligionen. Narratives Unterrichtsmaterial für die Sekundarstufe I. Göttingen 2015. Hier finden sich folgende Materialien: M4.1 Fasten in Islam und Christentum, M4.2 E-Mail an Rana.

sogar ihre neuen Freunde vermisst hatte, als sie einmal in Mainz zu Besuch gewesen war. Elif und Lena unternahmen fast jeden Tag etwas miteinander. Auch Sarah war oft dabei. Am 7. Juli hatte Lena sogar den ersten Tag des Monats Ramadan miterlebt. Oh je … Sie konnte sich noch ganz genau daran erinnern, wie sehr Elifs Magen da geknurrt hatte. Es war so laut, dass sie Angst hatte, es würde sogar Herrn Müller an der Tafel auffallen. Zum Glück hatte sich Elif dann doch recht schnell daran gewöhnt, erst am Abend wieder etwas zu essen. Geklagt hatte sie nie. Eher stolz war sie gewesen, beim Ramadan dabei zu sein. Nun war es schon Ende November. Wie schnell die Zeit verging! Heute wollte Lena mit ihrer Mutter einkaufen gehen und die Bastel-Utensilien für den Adventskranz kaufen. Sie freute sich schon sehr darauf. Für sie bedeutete das Basteln des Adventskranzes immer den Beginn der Weihnachtszeit. Da fiel Lena plötzlich etwas ein. Sie hatte doch noch etwas in ihrer Umzugskiste, was sie noch nicht ausgepackt hatte. »Ich werde es auspacken und in meinem Zimmer aufstellen. Dann herrscht auch hier ein bisschen Weihnachtsstimmung«, dachte sie.

1. Unterbrechung

Nachdem Lena ihren Weihnachtsbaum ausgepackt und aufgestellt hatte, ging sie zum Frühstück. Sie sprachen über die bevorstehende Weihnachtszeit und Lenas Mutter erzählte ihr, sie habe gehört, dass die Kinder aus der Nachbarschaft bei einem Krippenspiel mitmachen könnten. Lena war sofort begeistert und nahm sich vor, mehr darüber herauszufinden. Nachdem Lena gemeinsam mit ihrer Mutter die Wohnung weihnachtlich dekoriert hatte, gingen sie am Nachmittag einkaufen. Sie erstanden Kerzen, goldenes Glitzerband – auf ausdrücklichen Wunsch von Lena – und sammelten Tannenzweige für den Adventskranz. Als sie auf dem verschneiten Rückweg waren, ging ein Mädchen direkt vor ihnen. »Die kenn ich doch«, dachte Lena und lief schnell zu ihr. »Sarah! Warte!« Sarah blieb stehen und lachte. Sie freute sich, Lena zu sehen und hörte zu, als Lena ihr von ihren Einkäufen erzählte. Als sie an ihr Haus kamen, schaute Lena ganz verdutzt. »Du Sarah, ihr habt aber einen komischen Adventskranz da drinnen.« »Ach

Lena«, Sarah lachte. »Das ist kein Adventskranz. Das ist eine Chanukkia, die mein Papa da aufstellt.« Lena ging näher an das Fenster der Familie Goldberg heran. Was sie da durch das Fenster sehen konnte, war ihr ganz fremd. Sie hatte so etwas allerdings schon einmal ganz kurz gesehen, als Sarah ihre Umzugskartons leer geräumt hatte. Da hatte Sarah ihr ein Bild gezeigt, auf dem auch so etwas drauf gewesen war. War da vielleicht auch so ein Leuchter in dem Karton gewesen?

2. Unterbrechung

Da stand also nun ein Leuchter mit neun Armen in Sarahs Wohnzimmer und Sarahs Vater steckte gerade Kerzen hinein. »Habt ihr etwa neunmal Advent?«, fragte Lena. »Nein!«, Sarah gluckste wieder vergnügt. »Wir feiern heute den ersten Abend des Chanukka-Festes. Komm mit. Ich erzähl dir im Warmen mehr darüber.« Lena ließ ihre Mutter die Einkäufe allein hinauftragen – es gab schließlich einen Aufzug – und verabschiedete sich gleich zu Sarah. Die saß schon im Wohnzimmer auf der Couch und wartete darauf, Lena von Chanukka zu erzählen. »So, los … Erzähl schon, was es damit auf sich hat«, forderte Lena neugierig. »Jaja, mach ich. Wir feiern Chanukka, das heißt übrigens ›Einweihung‹, im jüdischen Monat Kislew. Also dieses Jahr fängt Chanukka schon im November an.« Lena unterbrach sie »Was heißt dieses Jahr? Ist bei euch nicht jedes Fest immer zur gleichen Zeit?« »Nein, wir Juden haben einen anderen Kalender: Unser Jahr ist kürzer und der jüdische Kalender zählt die Jahre ab dem Zeitpunkt der biblischen Schöpfung der Welt, die der jüdische Gelehrte Hillel II. nach den biblischen Chroniken auf das Jahr 3761 v. Chr. berechnete. Dadurch befindet sich der jüdische Kalender bereits im sechsten Jahrtausend. Rechne mal, welches Jahr wir jetzt haben!«

3. Unterbrechung

Lena dachte angestrengt nach: 3761 bis zum Jahr 0, jetzt hatten wir 2015, also 5776, im Kopfrechnen war sie gut. »Wir haben jetzt 5776, klingt komisch, wie Science-Fiction. Was wohl im Jahre 5776 nach christlichem Kalender sein wird?«

»Gelegentlich werden die jüdischen Jahreszahlen aber auch nur dreistellig angegeben, hier wird das jüdische Jahrtausend als bekannt vorausgesetzt. Das klingt dann noch komischer, wenn wir wie im tiefsten Mittelalter im Jahr 776 leben.

Zurück zum Chanukkafest – wir feiern es, um an ein wichtiges Ereignis aus der jüdischen Geschichte zu erinnern, das ungefähr 2200 Jahre zurückliegt. Es ist das Fest des Lichtes und der Wiedereinweihung des Tempels. Das da vorne, was du für einen Adventskranz gehalten hast, ist eine Chanukkia. Acht Tage lang wird jeden Abend kurz nach Sonnenuntergang eine Kerze mehr angezündet. Also am ersten Tag eine, am zweiten Tag die zweite und so weiter.« »Aber wenn ihr das doch acht Tage lang macht, wieso ist dann Platz für neun Kerzen?«, fragte Lena. »Ach, das ist ganz einfach. Eine Chanukkia hat acht Halterungen für die Kerzen, die an den acht Feiertagen angezündet werden. Die neunte Halterung ist für den Diener. Der Diener ist eine zusätzliche Kerze, von der aus die Hauptkerzen, also die anderen acht, entzündet werden. Die Kerzen zünden wir immer von links nach rechts an. Am Ende der acht Tage ist dann der Leuchter ganz hell vom Schein der Kerzen. Wir stellen ihn ans Fenster, damit auch die Leute, die draußen vorbei gehen, die Wärme und Freude spüren können, die das Licht des Leuchters bringt. Heute ist der erste Abend des Chanukka-Festes. Obwohl es Feiertage sind, müssen die Erwachsenen an den acht Tagen arbeiten und die Kinder in die Schule gehen. Aber am Abend versammelt sich dann die ganze Familie mit Freunden und feiert ausgelassen und fröhlich. Nachdem die Kerzen angezündet sind, wird ein besonderes Chanukka-Lied gesungen. Wir Kinder kriegen auch an jedem Abend kleine Geschenke.« »Oh, das ist ja dann quasi wie achtmal Weihnachten«, sagte Lena überrascht. »Ja, so ähnlich«, grinste Sarah. »Aber das Essen ist auch besonders. Es gibt leckere Ölspeisen wie Krapfen oder Latkes.« »Ihr habt ganz schön komische Wörter, Sarah. Erst Purim, dann Brit Mila und jetzt auch noch Chanukka und Latkes. Ganz schön kompliziert.« Lena war ganz verwirrt. War Latkes jetzt auch schon wieder etwas neues Spannendes? »Latkes kennst du, Lena! Das sind Reibekuchen. Die schmecken köstlich! Diese Ölspeisen gibt es, weil sie an das brennende Öl im Tempel erinnern sollen.« »Das klingt toll. Das ist bestimmt ein schönes Fest«. »Oh ja, das ist es. Während wir zusammen feiern, können wir unsere Sorgen vergessen, miteinander singen und reden und so neue Kraft tanken. Außerdem spielen wir noch mit dem Dreidel. Das ist so ein Kreisel …«

4. Unterbrechung

Es klingelte an der Haustür und plötzlich stand Lenas Vater vor ihnen. »Lena, es ist schon sechs Uhr. Du wolltest schon vor einer Stunde zu Hause sein. Kommst du bitte?« Lena war ganz überrascht. Vor lauter spannendem Erzählen hatten sie wohl die Zeit ganz vergessen. Das war aber auch so interessant mit diesem Leuchter und dem Öl und diesem ganzen Chanukka überhaupt und so. Und erst die Geschenke, die man da wahrscheinlich alle bekam. »Ich komme sofort, Papa. Ich muss Sarah nur noch ein paar Sachen fragen!«, sagte Lena. Sie wandte sich zu Sarah: »Also, wenn ihr dann acht Tage lang Geschenke kriegt, was macht ihr denn dann an Weihnachten? Dann müssen ja schon wieder alle Geschenke kaufen?«, Sarah lachte: »Nein, wir feiern gar kein Weihnachten. Stattdessen haben wir das Chanukka-Fest.« »Hm, okay und wie ist das mit …?« »Lena, kommst du?« Lenas Vater wartete ungeduldig im Flur. Widerwillig stand Lena auf und machte sich auf den Weg in ihre Wohnung. Sie wollte Sarah doch noch so viele Dinge fragen. An was für ein Ereignis erinnern die Juden denn nun mit Chanukka? Was war das mit dem Tempel, von dem Sarah da geredet hatte? Und was hat das Ganze mit dem Öl auf sich? Wieso sind es denn genau acht Kerzen? Und dieses Spiel … Dreidel, oder wie das Ding hieß. Was war das? Beim Abendessen fragte sie ihre Eltern, die das allerdings nicht wussten. Lenas Vater erwähnte nur, dass er sich auch schon gefragt hatte, warum die Goldbergs neun Kerzen an ihrem seltsamen Adventsleuchter hatten und warum da so viel Essen auf dem Tisch gestanden hatte. Das konnte Lena ihm nun erklären. Aber ihre Fragen blieben immer noch offen. Sie wollte unbedingt mehr darüber herausfinden. Also setzte sie sich am Abend noch an den Computer und googlete und googlete, bis sie alles herausgefunden hatte, was sie wissen wollte. Diese vielen neuen interessanten Informationen hatten sie ganz müde gemacht. Lena entschied, ins Bett zu gehen und Sarah am nächsten Tag zu erzählen, was sie sonst noch so Spannendes über Chanukka herausgefunden hatte. Nachts träumte sie von dem Wunder, an das die Juden an Chanukka erinnern ...

3.3.5.2 Didaktischer Kommentar
Einstieg

Die Umzugskiste, die auf der einen Seite mit »Lena«, auf der anderen Seite mit »Sarah« beschriftet ist, steht zu Stundenbeginn auf dem Pult. Die Lena-Seite ist sichtbar, ein Aufkleber »Weihnachten« verweist auf den Inhalt. Zum Einstieg könnte ein Unterrichtsgespräch stattfinden, das Requisiten zu Weihnachten zum Thema hat: Haben die Kinder selbst schon Dinge, mit denen sie ihr Zimmer schmücken? Warum macht man das? Inwiefern erscheint das sinnvoll? Im Anschluss oder um das Gespräch in Gang zu bringen, können einige Requisiten aus der Kiste geholt werden (Sterne, Krippe, Leuchter, Lichterketten u. a.). Gibt es solche Festrequisiten auch in anderen Religionen?

Ablauf

Nach dem beschriebenen Einstieg wird die Erzählung vorgelesen, aber an vier Stellen unterbrochen und jeweils durch eine Aktion vertieft:

1. Unterbrechung: Meine Weihnachtskiste

Will man die Stunde mit der Erzählung beginnen, kann das Gespräch (siehe oben) an dieser Stelle integriert werden.

2. Unterbrechung: Die Channukia

Die Umzugskiste wird umgedreht, nun kann eine Schülerin oder ein Schüler die auf der rechten Seite deponierten Channuka-Requisiten herausholen. Der Leuchter wird betrachtet, beschrieben, über seinen Einsatz wird gemutmaßt.

3. Unterbrechung: Der jüdische Kalender

Wie sicherlich die Mehrheit der Schülerinnen und Schüler leicht berechnen kann, leben wir nach jüdischem Kalender im Jahr 5776. Der jüdische Kalender gliedert sich in Jahre, Monate und Tage. Da es ein Lunisolarkalender ist, der sich also sowohl am Mondjahr als auch am Sonnenjahr orientiert, benötigt der jüdische Kalender eine Schaltregulierung zum Ausgleich – sowohl für das Mond- als auch das Sonnenjahr. Die jüdischen Feste sind eng mit der Jahreszeit verbunden, sie hängen mit ihren Symbolen zusammen und haben Naturereignisse oder landwirtschaftliche Bräuche zum Inhalt. Grundlage für die Schaltregel ist die Unterteilung des Tages in Stunden und Augenblicke. Um einen Ausgleich zu dem um elf Tage längeren Sonnenjahr zu schaffen (im Unterschied zum Islam, dessen Feste aufgrund des reinen Mondkalenders manchmal in den Sommer und manchmal in den Winter fallen), wird in einem Zyklus von 19 Jahren siebenmal ein dreißigtägiger Schaltmonat vor dem eigentlichen Adar hinzugefügt. Das jüdische neue Jahr (mit der jeweils nächsthöheren Jahreszahl) beginnt im Herbst mit dem ersten Tag des siebten Monats Tischri, der Rosch ha-Schana (»Haupt des Jahres«) genannt wird. Als erster Monat des Jahres wird hingegen der Frühlingsmonat Nisan nach biblischer Tradition mit dem Auszug der Israeliten aus Ägypten nummeriert (Ex 12,2).

4. Unterbrechung: Der Dreidel

Der Dreidel wird gezeigt, eventuell exemplarisch in Aktion vorgeführt. Die Lehrerin erklärt die Spielregeln des Dreidelspiels, die als Smartieaktion nachgespielt wird. Die Regeln sind im Internet leicht zugänglich.[141]

Denkbar ist auch, den Schülerinnen und Schulern schon beim Vorlesen den Hörauftrag zu geben: Welches Fest wird in dem Kapitel genannt? Wie wird das Fest gefeiert? Welche Gegenstände sind bei diesem Fest wichtig?

Ein Quiz kann Inhalte dieser und der letzten Stunden wiederholen. Fragen dazu können von den Schülerinnen und den Schülern selbst ausgedacht und gesammelt und z. B. nach dem Modell einer gerade aktuellen Quizsendung umgesetzt werden.

---

141 Diese finden sich zusammen mit folgenden weiteren Materialien unter: Mirjam Zimmermann, Feste in den Weltreligionen. Narratives Unterrichtsmaterial für die Sekundarstufe I. Göttingen 2015: M5.1 Das Dreidelspiel, M5.2 Infos für das Quiz, M5.3 Mögliche Fragen und Stichfragen, M5.4 Quizfragen – Karten, M5.5 Das Fenster der Familie Goldberg.

Weitere Gesprächsanlässe
- verschiedene Kalender, die religiöse Bezüge aufweisen, und der Vergleich der Jahreszahlen
- Weihnachten: Brauch und christliche Tradition
- die Zukunft im Jahre 5774 nach Christus

3.3.6 Sechster Zugang: Die Bilderfrage in den verschiedenen Religionen

3.3.6.1 Die Geschichte – Kapitel 6: »Ganz neue Begegnungen«

Weihnachten und Silvester waren so schön gewesen. Lena und ihre Familie hatten zehn Tage ihre Großeltern in Mainz besucht. Dort verbrachten sie die Weihnachtstage mit viel Essen und tollen Geschenken. Natürlich hatte sie auch Jule wiedersehen können. Wenn Lena in Siegen war, war das Heimweh nach Mainz nicht mehr allzu groß. Doch wenn sie wieder einmal ihre Familie und Freunde in Mainz besuchte, merkte sie, dass sie sie doch sehr vermisst hatte.

Nun blieben ihr noch drei letzte freie Tage, bevor die Schule wieder anfing. Sie hatte sich mit Elif verabredet, die sie nun seit einer Woche nicht mehr gesehen hatte.

Sie klingelte, aber nicht Elif machte ihr die Tür auf, sondern Ergün, ihr ältester Bruder! »Hey Lena! Wie geht's dir? Dich habe ich ja schon lange nicht mehr gesehen.« Lena sah Ergün an und merkte, wie ihr Gesicht langsam, aber sicher knallrot wurde. Oh nein, wieso muss denn auch ausgerechnet Ergün die Tür aufmachen. Wie der dastand. Mit seiner Jogginghose und dem Unterhemd sah er einfach zu gut aus! Lena versuchte, die Gedanken in ihrem Kopf beiseite zu schieben und gleichzeitig ihre Gesichtsfarbe wieder unter Kontrolle zu bringen, aber das gestaltete sich mehr als schwierig, weil sie einfach die ganze Zeit seine tollen Oberarme anschauen musste. »Hi«, stammelte sie verlegen, »ähm, ist Elif da?«. Das war das einzige, was sie in diesem Moment herausbekam. Aber da erschien Elif schon in der Tür. »Mach' mal Platz da! Damit ich meine Freundin begrüßen kann!« Sie schubste Ergün beiseite. »Mädchen«, hörte Lena ihn nur murmeln, bevor er in sein Zimmer verschwand. Die Gesichtsfarbe wurde langsam wieder normal. Ein Glück! Denn Elif musste nun wirklich nichts davon mitbekommen. Die beiden Mädchen begrüßten sich und traten ins Wohnzimmer. Dort saßen Elifs Eltern Oktay und Latifa, die Lena ebenfalls begrüßte. Schön, wie oft die Familie zusammensaß, ohne dass der Fernseher lief. Ihr fiel auch auf, dass im Gegensatz zu ihrer Familie ganz häufig Besuch kam, unangemeldet für einen Kaffeebesuch oder auch von weiter her für einige Tage oder sogar Wochen. Ob Ausländer einfach mehr Kontakte brauchten?

Dann gingen die beiden in Elifs Zimmer. »Elif, wie war Weihnachten bei dir?«, fragte Lena. »Ich habe eine neue Kamera bekommen! Jetzt können wir ganz viele tolle Fotos machen! Was hast du für Geschenke bekommen?« Elif sah sie amüsiert an: »Lena, du musst echt noch 'ne Menge lernen. Nicht nur Sarah und ihre Familie feiern kein Weihnachten, sondern auch im Islam wird kein Weihnachten gefeiert.« Lena sah sie schockiert an. Muslime feierten auch kein Weihnachten? Es war ja schon befremdlich, dass Sarah sich den ganzen Spaß entgehen ließ, obwohl sie ja noch einen Ersatz für Weihnachten mit Chanukka hat. Aber Elif feierte auch kein Weihnachten? »Was feiert ihr denn stattdessen?« »Wir haben keinen Ersatz für Weihnachten. Ihr feiert Weihnachten ja, weil an diesem Tag Jesus geboren ist. Aber für den Islam gilt Jesus nicht als Sohn Gottes. Jesus ist zwar auch bedeutend, aber wichtiger ist für uns Mohammed, der höchste Prophet Allahs. Aber er wollte schon zu seinen Lebzeiten nicht, dass seine Person verehrt wurde, ihm ging es allein um Allah. Deshalb versuchen wir, vor allem die Lebensweise des Propheten als vorbildlich zu sehen und auf seinem Weg weiter voran zu kommen.« »Bist du denn nicht traurig, dass wir hier Geschenke zu Weihnachten bekommen und du nicht?« Elif guckte sie nachdenklich an. »Manchmal finde ich es schon ein bisschen blöd, dass ihr alle Geschenke bekommt und wir nicht. Aber manchmal kaufen meine Eltern uns was Schönes, damit wir nicht allzu traurig sind und einige Familien feiern tatsächlich das Weihnachtsfest mit, ohne dabei aber an den christlichen Hintergrund zu denken.« Das ist aber nett von Elifs Eltern, dachte Lena. Elif fuhr fort: »Wir feiern aber auch Feste. Wie du weißt, das Opferfest oder Ramadan und am 12. Januar feiern wir den Geburtstag Mohammeds. Willst du nicht einfach mitkommen?« »Wohin mitkommen?« Sollte sie etwa mit nach Mekka reisen, in die heilige Stadt, in der Mohammed geboren wurde? Das ging ihr jetzt aber doch ein bisschen zu schnell. Und sie bezweifelte, ob ihre Eltern sie da überhaupt mitfliegen lassen würden. Überhaupt, würden sie denn wirklich dahin »fliegen«? Es hieß ja immer, dass man nach Mekka pilgern soll. Das würde aber ein schwieriges Unterfangen werden, wenn sie von Siegen nach Mekka laufen müssten. Wandern nämlich, das tat sie gar nicht gerne. Da müssten sie ja dann doch schon bald los, wenn das überhaupt noch reichte. Elif riss Lena aus ihren Gedanken: »Ja in die Moschee natürlich. Hier in Siegen. Dachtest du, wir würden den Geburtstag in Mekka feiern?« Elif lachte laut. »Quatsch, ich wusste nur nicht, dass es hier in Siegen auch eine Moschee gibt.« Lena war erleichtert. Das hörte sich ja schon viel besser an. Die Sache mit Mekka wäre ihr doch etwas unheimlich gewesen. »Meinst du denn, dass ich da einfach so mitkommen kann?« Sie hatte zwar schon einmal eine Moschee in Mainz-Kostheim besucht, aber damals waren sie nicht zu einer Gebetszeit dort. »Wir fragen einfach mal meine Eltern. Aber ich denke, das sollte kein Problem sein.« Sie gingen zusammen zu Elifs Eltern, die gerade Tee im Wohnzimmer tranken. Sie mochte das Wohnzimmer der Yilmaz'. Es war so gemütlich eingerichtet, mit vielen Teppichen auf dem Boden, die bunte Muster hatten. An der Wand hingen einige Bilder. Ein Bild stach Lena ganz besonders ins Auge. Darauf war eine Person zu sehen, die vor einem schwarzen Kasten auf einem Teppich kniete. Hinter dem Kopf stiegen Flammen auf. Nur hatte die Person überhaupt kein Gesicht! Dort, wo eigentlich die Augen, die Nase und der Mund waren, war nur weiße Farbe. Ob der Mensch nicht so schön ausgesehen hatte, dass man sein Gesicht nicht malte? Oder ob das Bild zerstört worden war?

Elif fragte ihre Eltern, ob Lena am kommenden Sonntag mit in die Moschee kommen könnte. Sie fanden das eine gute Idee und meinten, dass das überhaupt kein Problem sei. Latifa, Elifs Mutter, freute sich sehr: »Ich finde es sehr schön, dass dich unsere Religion interessiert, Lena. Das haben wir bisher bei den Deutschen nicht allzu häufig erlebt. Über Religion scheint man nicht zu sprechen, genau so wenig wie über das, was man verdient. Wenn du dich für unsere Religion interessierst, zeigen wir dir gerne etwas davon.« Sie beschlossen, dass Lena am 12. Januar um 16 Uhr zu den Yilmaz' zum Essen kommen würde und sie danach gemeinsam in die Moschee gingen, um den Geburtstag des Propheten Mohammed zu feiern.

1. Unterbrechung

Beim Abendbrot erzählte Lena ihrer Familie von ihrem Vorhaben. Auch ihre Eltern fanden es eine gute Idee und waren sehr erfreut, dass die Yilmaz' Lena so freundlich aufnahmen. Gut, dass die nicht so waren wie ihre Großtante. Sie hatte gehört, wie die bei ihrem letzten Besuch zu ihrer Mutter gesagt hatte, als Elif den Nachmittag über bei ihr gewesen war: »Ich würde das nicht erlauben, dass meine Tochter mit so vielen Ausländerinnen ihre Zeit verbringt! Die Beatrice (das war Lenas ältere Cousine) merkt jetzt erst, wie schwierig das mit ihrem türkischen Mann ist. Ob das noch lange gut geht …«

Als Lena abends im Bett lag, dachte sie über den anstehenden Moscheebesuch nach und freute sich darauf. Sie wusste, dass Frauen in der Moschee eine Kopfbedeckung tragen müssen. Elif konnte ihr sicher eines von ihren Kopftüchern ausleihen. Und insgeheim hoffte Lena, dass Ergün auch dabei sein würde. Was er wohl anhaben würde? So modisch wie heute konnte er ja wohl nicht in den Gottesdienst.

Die neun Tage vergingen wie im Flug. Lena war schon ein bisschen vor 16 Uhr bei Elif, da sie sich noch ein Kopftuch aussuchen wollte. Sie entschied sich für ein blaues mit einem schwarzen Blumenmuster. Elif legte es Lena um den Kopf. Es fühlte sich ein bisschen fremd an, aber Lena fand, dass es ihr gut stand. Um 16 Uhr versammelte sich die ganze Familie – mit Ergün im Anzug – zum Essen an dem großen Tisch im Wohnzimmer. Auch Elifs Großeltern waren gekommen. Lena schmeckte das Essen, aber ein bisschen fremd war es schon. Komisch, dass einem das, was man kannte, immer am besten gefiel, ihr zumindest. Ihr Bruder war da anders. Die Atmosphäre am Tisch war super. Es wurde wild durcheinander geredet und viel gelacht. Durch die lockere Stimmung fiel es auch nicht auf, dass Lena jedes Mal rot anlief, wenn Ergün sprach. Aber sie musste das wirklich unter Kontrolle bringen. Was war nur mit ihr los? So konnte das nicht weitergehen. Sie versuchte sich ein bisschen abzulenken und so fragte Lena nach Mohammed. Über ihn wollte sie mehr erfahren. Elifs Vater Oktay zeigte auf das Bild, das Lena schon bei ihrem letzten Besuch ins Auge gefallen war. »Das ist Mohammed. Du fragst dich sicher, warum er kein Gesicht hat. Im Islam wird es vermieden, Mohammeds Gesicht darzustellen, da die Aufmerksamkeit nicht auf Mohammed selbst und seinem Äußeren liegen soll, sondern auf dem Wort, das die Offenbarung Allahs darstellt. Abbildungen von geschaffenen Wesen waren lange Zeit im Islam ganz verboten, da sie Allahs einzigartige Schöpferkraft in Frage stellten. Später wurde das Bilderverbot etwas gelockert und man ist dazu übergegangen, die Gesichter der Propheten zu verschleiern oder mit einer Flamme zu zeichnen.« Jetzt erklärte sich für Lena einiges, aber sie dachte auch an die vielen Bilder in ihrer Kinderbibel, die ihr wichtig waren. Religion ohne Bilder schien ihr unmöglich. Sie sah vor ihrem inneren Auge Gott als Hirte, Jesus am Kreuz, der Auferstandene bei ihnen auf dem Altarbild. Wie oft hatte sie sich als kleines Mädchen in der Kirche lieber mit den Bildern beschäftigt als zuzuhören.

»Der schwarze Würfel, vor dem er kniet, heißt Kaaba und steht in Mekka.« Lena wurde aus ihren Gedanken gerissen. »Sie wird als ›Haus Gottes‹ bezeichnet und ist das wichtigste Heiligtum im Islam. Unser Opa war schon da, er soll dir mal davon erzählen.« »Also«, der alte Herr räusperte sich, »es war 1998, da …« Plötzlich schaute Latifa auf die Uhr und sagte: »Jetzt müssen wir aber dringend los. Sonst kommen wir noch zu spät.« Nun war Lena aufgeregt.

2. Unterbrechung

Als sie an der Moschee ankamen, war es schon dunkel draußen. Am Eingang sagte Elif zu ihr: »Wir gehen die Treppe hier hoch. Die Männer gehen unten durch die Tür.« Nein! Warum musste sie sich jetzt von Ergün trennen? War jemandem etwas aufgefallen? Elif, ihre Mutter und die Großmutter stiegen schon die Treppe hoch. Lena blickte den Männern hinterher. Ergün drehte sich um: »Bis gleich, Lena«, sagte er und zwinkerte ihr zu. Ihr Magen zuckte. Er hatte ihr zugezwinkert! Ergün Yilmaz hatte ihr zugezwinkert! Jetzt war es endgültig um sie geschehen. Elif kam die Treppe wieder hinunter:

»Lena? Kommst du jetzt? Was machst du denn da? Und wieso bist du so rot wie eine Tomate?« Lena antwortete nicht, sondern lief schnell die Treppe hinauf und gelangte auf die Empore. Dort setzte sie sich neben Elifs Mutter. Latifa erklärte Lena, warum die Frauen oben und die Männer unten saßen: »Männer und Frauen sollen nicht zusammen beten, da Frauen beim Gebet nicht von den Männern beobachtet werden sollen. Das lenkt ab.« Ja, das konnte sie jetzt verstehen. Sie würde nur noch Augen für Ergün haben, das war klar. Leider konnte sie ihn nicht sehen, denn er stand relativ weit vorne. Aber sie war ja hier nur zu Besuch, da war Andacht wohl auch nicht so wichtig.

Überall waren Kerzen auf dem Boden und an den Wänden und an der Decke hingen Lampen. Elif flüsterte ihr ins Ohr: »Das ist extra für den Geburtstag so hergerichtet. Der Tag wird nämlich auch Lichterfest genannt.« Lena war begeistert. Das alles sah einfach wunderschön aus. Fast ein bisschen wie bei ihnen an Weihnachten.

»Die Kanzel in der Mitte des Raumes heißt Minbar und dahinter steht der Imam. Das ist der Vorbeter in einer Moschee«, erklärte Elif weiter. Dann ging es los. Zum Glück wurde deutsch gesprochen. Sonst hätte Lena gar nichts verstehen können.

Es wurde aber arabisch aus dem Koran vorgelesen und eine deutsche Predigt gehalten. Zudem wurden Geschichten über Mohammed erzählt. Eben beim Abendessen war Oktay nicht mehr dazu gekommen, Lena noch mehr über Mohammed zu erzählen. Jetzt erfuhr sie die Geschichte von Mohammeds Himmelfahrt. Ihr zufolge ist Mohammed auf seinem Pferd Burak in den Himmel aufgefahren, begleitet vom Erzengel Gabriel. Den kannte sie auch, nur von welcher biblischen Geschichte? Im Himmel traf Mohammed Adam, Noah, Aaron, Mose, Johannes und Jesus. Zuletzt traf er noch Abraham, der das schwarze Gebäude, die Kaaba, in Mekka errichtete. Mohammed konnte bei Allah erreichen, dass die 50 Gebete, die den Muslimen ursprünglich auferlegt waren, auf fünf herabgesetzt wurden, damit das Leben der Muslime leichter würde. Nach seiner Himmelfahrt kehrte Mohammed wieder auf die Erde zurück. Über der Stelle seiner Himmelfahrt steht heute in Jerusalem der Felsendom. Da er mit seinem Pferd in Jerusalem und nicht wieder in Mekka ankam, ist Jerusalem für die Muslime eine heilige Stadt geworden. Jerusalem war also heilig für Muslime, Christen und Juden.

Es wurde auch ein Bild von Mohammed bei seiner Himmelfahrt gezeigt. Auch hier war das Gesicht Mohammeds nicht dargestellt. Lena fand diese Geschichte sehr interessant. Nach gut einer Stunde war die Feier vorbei und alle trafen sich wieder vor der Moschee. »Wie fandest du es, Lena?«, fragte Elif. »Toll!«, antwortete Lena. »Alles sah so schön aus und die Geschichten waren spannend.« Sie fuhren nach Hause und Lena bedankte sich bei den Yilmaz', dass sie sie mitgenommen hatten. »Immer wieder gerne«, sagte Elifs Vater. Lena schloss glücklich, aber müde die Wohnungstür auf und fiel geschafft ins Bett. Das Essen hatte so lecker geschmeckt, die Geschichte von der Himmelfahrt hatte ihr sehr gut gefallen, aber das allerschönste an diesem Abend, ach was, in dieser ganzen Woche, war das zuckersüße Zwinkern von Ergün gewesen, das nur ihr ganz allein gegolten hatte.

3.3.6.2 Didaktischer Kommentar
Einstieg

In größeren und selbst in kleineren Städten gibt es Moscheen, deren Bild als Einstieg in die Stunde verwendet werden kann: »Kennt ihr das Gebäude, das auf dem Bild dargestellt ist?« Gemeinsam wird überlegt und evtl. um das Folienbild geschrieben, wozu ein solches Gebäude da ist (Beten, Treffen, Feste feiern, evtl. Kulturveranstaltungen u. a.).

Ablauf

Die Erzählung ist an einer weiteren Stelle unterbrochen, wieder steht auch da ein Bild nämlich das von Mohammed vor der Kaaba[142] im Zentrum der Betrachtung:
- Wisst ihr, wo das Bild hängt?

In der Erzählung hängt das Bild im Wohnzimmer der Yilmaz.

---

142 Dieses findet man einfach bei Eingabe »Mohammed Kaaba« in Google-Bildersuche oder als M6.2 bei Zimmermann, Feste in den Weltreligionen. Narratives Unterrichtsmaterial für die Sekundarstufe I. Göttingen 2015 zusammen mit folgenden Materialien zu dieser Stunde: M6.1 Bilderverbot im Islam, M6.3 Bilderverbot im Judentum, M6.4 Bilderverbot im Christentum.

- Was ist auf dem Bild zu erkennen?

Auf dem ersten Bild sieht man Mohammed vor der Kaaba, sein Gesicht ist weiß, sein Kopf als goldene Flammen dargestellt.

- Wisst ihr, warum das Gesicht auf dem Bild nicht dargestellt wird?

Oktay Yilmaz sagt, dass das Gesicht möglichst nicht abgebildet wird, damit die Aufmerksamkeit nicht auf Mohammed, sondern auf seinem Wort, das die Offenbarung Allahs darstellt, liegt. Abbildungen von Geschöpfen waren zeitweise sogar ganz verboten, um Allahs Schöpferkraft nicht in Frage zu stellen.

Nach dem Vorlesen der Geschichte kann kurz über das Thema »Bilderverbot« gesprochen werden, wie es in der Erzählung vorkommt. »Religion ohne Bilder schien ihr [Lena] unmöglich, sie sah vor ihrem inneren Auge Gott als Hirte, Jesus am Kreuz«. Hier könnte weiter gesammelt werden, welche Bilder die Kinder vor Augen haben, die ihnen wichtig sind.

Dieses Thema steht im Zentrum der Erarbeitung dieser Stunde. Ziel soll sein, eine vorbereitete Podiumsdiskussion zur Frage »Brauchen wir Bilder, um uns Gott vorzustellen oder näher zu bringen?«, durchzuführen. Dafür kann ein Rechercheauftrag oder eine Basisinformation durch Sachtexte[143] vorbereiten, die sich mit dem Umgang mit Bildern in den drei Religionen beschäftigen.

Weitere Gesprächsanlässe

- erste Liebe, rot werden
- offenes Haus/Gastfreundschaft
- Feier zu Mohammeds Geburtstag
- Pilgern (hier könnte auch eine Hausausaufgabe mit einem Rechercheauftrag verbunden werden: Wie könnte der Großvater in Ich-Form über seine Hadsch berichten?)
- Tabu, über Geld und Religion zu reden
- Eltern bestimmen über/beeinflussen Freundschaften

---

143 Eine mögliche Auswahl an Sachtexten finden Sie bei Zimmermann, Mirjam. Feste in den Weltreligionen. Narratives Unterrichtsmaterial für die Sekundarstufe I. Göttingen 2015.

- Ausländerfeindlichkeit bei engen Freundschaften von Seiten der Deutschen – Warum? Wie kann man damit umgehen?
- Was schmeckt? Vertrautes/Fremdes/ein bisschen Fremdes
- Bedeutung von Jerusalem

3.3.7 Siebter Zugang: Das Pessach-Fest

3.3.7.1 Die Geschichte – Kapitel 7:
»Eine Reise in die Vergangenheit«

»Sarah!«, hörte man ein Mädchen auf der Straße rufen und wieder: »Sarah! Warte bitte auf mich.« Neugierig drehte sich Sarah um und erkannte Lena, die auf sie zu gerannt kam. »Hallo Lena. Was ist denn los?«, fragte Sarah, die gerade an einem Knäckebrot knabberte, »Du siehst so gequält aus?« »Äh, ich war beim Bäcker. Da gibt es leckere neue Teilchen mit Apfelfüllung. Die musste ich mir gerade gönnen, als Ausgleich für mein tristes Sklavendasein.« Sarah sah sie verwirrt an, sie verstand nicht. »Ich komme mir vor, als wäre ich nur noch der Haussklave meiner Familie, nur weil ich ein Mädchen bin. Meine Brüder müssen viel weniger mithelfen. Lena hier, Lena da. Erst musste ich die Küche aufräumen, dann das Treppenhaus wischen, weil wir diese Woche Flurdienst haben ›Bitte ganz ordentlich, dass die Nachbarn nicht schimpfen!‹«, Lena machte die Stimme ihrer Mutter nach »und dann wollte meine Mutter noch, dass ich eine Maschine Wäsche im Keller aufhänge – ich hätte ja so viel Zeit. Da bin ich getürmt und habe zum Abschied geschrien ›Deine Sklavin hat sich befreit!‹ und dann habe ich das Moselied zitiert, das wir heute im Reliunterricht gelernt haben: ›Ich singe dem Herrn ein Lied, denn er ist hoch und erhaben, Rosse und Reiter warf er ins Meer!‹. Ob meine Mutter verstanden hat, dass ich sie damit mit den Sklavenhaltern, den Ägyptern, gleichgesetzt habe, weiß ich nicht. Zumindest hat es mir gereicht und ich musste mich befreien. Jetzt mit dem Teilchen im Mund geht es mir langsam wieder besser. Befreiung fühlt sich gut an, von der Schule sollten wir uns auch mal befreien!«

Sarah antwortete: »Wir haben sogar ein Fest, bei dem wir jedes Jahr an die Befreiung aus der Sklaverei denken – Pessach, kennst du das? Wir feiern es immer im Frühling.« Sarah bekam einen fragenden Blick von Lena zugeworfen. »Nein, davon habe ich noch nichts gehört. Was ist das denn für ein Fest? Wann wart ihr denn Sklaven? Bekommt ihr da auch Geschenke?« Gespannt wartete Lena auf Sarahs Antwort. Sie hat ja schon viel von ihren Freundinnen erfahren und kennengelernt. Jetzt wusste sie, was das Beschneidungsfest, die Brit Mila war. Chanukka kannte sie auch und das muslimische Gebet von ihrer Freundin Elif war ihr nicht mehr fremd. Sogar den Geburtstag von Mohammed hatte sie mitgefeiert. Durfte man das als Christin überhaupt, hatte sie ihre Oma gefragt.

Bei dem Namen Pessach würde es sich bestimmt wieder um ein religiöses Fest der Juden handeln, dachte sich Lena und war schon gespannt auf Sarahs Antwort. »Das Fest Pessach ist ein Fest, das wir nur mit der Familie feiern. Man nennt es auch das Fest der ungesäuerten Brote.« »Ungesäuerte Brote?«, fragte Lena und ließ Sarah nicht einmal aussprechen. So was hatte sie noch nie gehört. Bei ihnen waren Brote nie sauer, es sei denn, man aß sie mit sauren Gurken belegt. »Lena, du hast ja schon einige Feste bei uns miterlebt, die Beschneidung meines kleinen Bruders Levi und das Chanukkafest. Es gibt aber noch viel mehr Feste bei uns. Zum Beispiel das Schawuot, eine Art Erntedankfest, oder das Laubhüttenfest. Die Laubhütten sollen uns an die Zeit in der Wüste erinnern. Letztes Jahr haben wir dieses Fest in Israel gefeiert und wir Kinder haben eine Woche in einer Laubhütte verbracht. Das war ein Spaß! Aber eines meiner Lieblingsfeste ist das Pessachfest. Das Fest beginnt am 15. Nissan. Dass die Monate bei uns anders heißen, weißt du ja schon, oder? Die Tage davor bin ich Hausklavin: Mama versucht, die Wohnung blitzeblank aufzuräumen und zu putzen. Da muss ich natürlich helfen. Es ist nämlich wichtig, dass wir gar kein gesäuertes Gebäck irgendwo liegen haben. Es kann ja schon mal sein, dass ein Stückchen von einem Brötchen unter dem Tisch in der Küche liegt oder dass Levi ein Brötchen gegessen und die Reste in den Ecken liegen gelassen hat. Gerade bei seinen Spielsachen müssen wir immer besonders gründlich nachschauen. Am Vorabend des Erev Pessach durchsuchen wir dann die ganze Wohnung noch einmal, ob auch nichts übersehen wurde. Mutter hat dafür absichtlich eine abgezählte Anzahl von eingepackten Brot- und Kuchenkrümeln – wir nennen das ›Chametz‹ – versteckt, die wir finden müssen. Das macht immer wieder Spaß, weil sie manchmal am Ende selbst scharf nachdenken muss, wo das letzte Päckchen liegt.« Aufmerksam hörte

Lena zu, während die beiden Freundinnen auf einer Bank vor dem Hochhaus saßen. »Und wenn alles sauber ist?«, fragte Lena. »Dann können Levi und ich uns schon bettfertig machen und meine Eltern bereiten alles für den wichtigsten der sieben Tage vor. Meine Mama deckt dann ganz besonderes Geschirr auf, das wir nur an diesem einen Abend benutzen. Der Abend wird auch Seder-Abend genannt, weil alles nach einer bestimmten Reihenfolge und Ordnung abläuft. Diesen Tag finde ich am besten. Mein Papa erzählt dann immer ganz spannende Geschichten von unseren Vorfahren, die Sklaven waren und aus Ägypten auswandern wollten. Das haben sie zum Schluss auch getan. Die Geschichte kennst du doch. Da geht es um Mose, den habt ihr doch gerade als Thema im Religionsunterricht. Bei meiner Freundin Betty habe ich in deren Kinderbibel mal ganz viele Bilder dazu gesehen und sie hat mir erzählt, dass sie das auch schon mal in der dritten Klasse behandelt hat. Ihr nicht?«, Lena schüttelte den Kopf. »Die mussten sogar ganz lange durch eine Wüste gehen, bis sie am Ziel angekommen waren. Mein Papa sagt immer dazu ›das von Gott verheißene Land‹«. Sarah machte eine Pause. Die Zeit nutzte Lena: »Eure Vorfahren waren also die Sklaven in Ägypten? Das hört sich ja grausam an. Wie ist es denn dazu gekommen?« So erzählte Sarah die Geschichte des Volkes Israel und der Zeit ihrer Sklaverei – viel spannender als das im Religionsunterricht passiert war.

Unterbrechung

»Also dann esst ihr eine Woche lang nur ungesäuertes Brot? Was ist das denn eigentlich?« »Das habe ich meine Mama auch gefragt. Sie meinte, in das Brot, das sie backt, darf keine Hefe rein, nur Wasser und Mehl. Und vom Zeitpunkt des Anrührens bis zum Ende des Backens dürfen nicht mehr als 18 Minuten vergehen. Das sieht ganz anders aus als die ganzen Brote beim Bäcker. Es ist ganz dünn, hart und hat viele Löcher. Und Mama hat noch gesagt, wenn da Hefe, Salz oder sowas rein kommt, dann ist es ein gesäuertes Brot.« »Also ist das ungesäuerte Brot so ähnlich wie das Knäckebrot, das du vorhin gegessen hast?«, vergewisserte sich Lena. »Ja, so kann man sich das in etwa vorstellen.« »Und was wird dann in der Woche noch so gemacht? Oder an dem, wie heißt der Abend nochmal? Senderabend?«, fragte Lena unsicher. Sarah lachte. »Nein, der heißt Seder-Abend. Da singen wir Lieder und sprechen Gebete, so wie es die Haggadah vorgibt. Und mein Vater zeigt uns Bilder, mit denen er uns die Geschichte erzählt. Aber das Wichtigste an diesem Abend ist das ›Mahl‹, bei dem wir ganz bestimmte Sachen essen. Meine Eltern stellen die Sachen immer zusammen. Da sind dann so Zutaten wie das Brot, das meine Mama backt, Bitterkräuter, grünes Kraut, Lammkeule mit wenig Fleisch und Ei. Meine Eltern trinken immer roten Wein dazu und uns geben sie Traubensaft. Dann macht meine Mama auch immer so ein Fruchtmus. Da sind Äpfel und Rosinen und Nüsse und noch etwas reingemischt. Ich weiß aber nicht genau, was da noch drin ist. Da muss ich nochmal meine Mama fragen. Was nicht ganz so gut schmeckt, ist das Salzwasser, in das wir die Bitterkräuter immer eintunken, bevor wir die essen.«

Plötzlich rief Sarahs Mutter von oben aus dem Fenster zum Abendessen. Mit großen Schritten nahmen die Freundinnen die langen Treppen bis zu ihren Wohnungen, umarmten sich noch schnell und waren hinter den Türen verschwunden.

3.3.7.2 Didaktischer Kommentar

Einstieg

Für das Pessach-Fest, das im Zentrum der Stunde steht, ist die Kenntnis der Mosegeschichte und darin vor allem die der Plagen sehr wichtig. Als Einstieg soll die Mosegeschichte deshalb wiederholt werden. Denkbar wäre, Bilder der Mosegeschichte aus einer Kinderbibel sortieren zu lassen und an ihnen die Geschichte wiederholend zu besprechen. Dafür könnte auch die Playmobildarstellung der Plagengeschichte bzw. sogar der ganzen Mosegeschichte wiederholend gezeigt werden.[144]

Ablauf

Material
- M7: Der Sederteller

---

144 Siehe http://www.religio.eu/aktionen-mose-bildergeschichte-3.html (Zugriff am 7.8.2014).

Die Geschichte kann medias res vorgelesen werden oder es wird noch einmal wiederholt, was bisher schon an Aspekten zu den Religionen behandelt worden ist. Dies kann auch an der Stelle im Text passieren, bei der Lena sich an Brit Mila, Chanukka u. a. erinnert. Unterbrochen wird die Erzählung an einer Stelle, an der nun noch einmal wiederholt wird, was an der Mosegeschichte aus der Perspektive der Israeliten wichtig ist.

Im Anschluss wird ein Sederteller gezeichnet bzw. als AB in Kopie verteilt, in den die Lebensmittel aufgemalt und ihre Bedeutung eingezeichnet wird.[145]

Weitere Gesprächsanlässe
– Helfen müssen
– Putzen, Putzfimmel, Umgang mit Ordnung
– Unterschiede zwischen Söhnen und Töchtern
– Geschichten erzählen aus der eigenen Familie, der eigenen Tradition – Welche?
– Bedeutung biblischer Erinnerungsgeschichten
– Gottes dunkle Seite (Plagen u. a.)
– Festtagsgebäck in den Religionen (christlich z. B. Weihnachtsplätzchen, Osterbrot u. a.)
– Symbolik der Zutaten, z. B. auch Brot und Wein im Abendmahl

3.3.8 Achter Zugang: Rosch ha-Schana, Jom Kippur

3.3.8.1 Die Geschichte – Kapitel 8: »Ein schlechter Tag«

Wumm! Lena warf die Haustür hinter sich zu. Heute war mit Abstand einer der schlimmsten Tage ihres Lebens gewesen. Erst hatten sie eine Mathearbeit geschrieben, in der sie die letzte Aufgabe einfach nicht hatte lösen können. Auch manche andere waren mehr Glücksspiel ohne Jokerkarte gewesen, denn Herr Weinzirl hatte sie alle an Einzeltische gesetzt. Ihr allseits bewährter Joker Sebastian war deshalb nicht verfügbar gewesen. Dann hatte sie einen Streit mit

---

145 Ein Beispiel mit Fotos, die eingeklebt und beschriftet werden, findet sich in: Zimmermann, Mirjam, Feste in den Weltreligionen. Narratives Unterrichtsmaterial für die Sekundarstufe I. Göttingen 2015.

fast allen ihren Mitschülerinnen gehabt, weil sie sich kritisch dazu geäußert hat, dass Andrea angeblich seit drei Wochen mit Julian zusammen wäre. Aber die beiden grüßten sich nicht einmal, wenn sie sich in der Klasse trafen, ja sie schauten sich nicht einmal an. Das wäre doch keine Freundschaft. Darauf war Andrea weinend zusammengebrochen und sie war wüst von allen Seiten beschimpft worden. Noch in den letzten Stunden waren böse Kommentare über WhatsApp eingegangen, was für eine miese Freundin sie sei. Sie wusste schon jetzt, dass sie die nächsten Tage noch viel zu ertragen hätte. Handy-Terror live!

Und dann hatte sie auf dem Nachhauseweg eine Entdeckung gemacht, die wie ein Tritt in den Magen gewesen war. Kaum hatte sie mit Elif den Schulhof verlassen, als sie Ergün vor sich sah, wie er ganz nah und laut lachend neben einem fremden Mädchen herging. Sie war ungefähr in seinem Alter und die beiden sahen ganz schön vertraut miteinander aus. Man, was hat die bloß, was ich nicht habe, ging es Lena durch den Kopf. Sie wollte gerne mehr über das Mädchen erfahren, traute sich aber nicht, Elif zu fragen, aus Angst, diese könnte Verdacht schöpfen. Mit miesepetriger Laune war sie den ganzen Weg hinter den beiden hergegangen und hatte kaum auf Elifs Fragen geachtet. Als sich die beiden dann zum Abschied umarmten, hatte sich Lenas Magen buchstäblich im Kreis gedreht.

Nun war sie endlich zu Hause. Sie wollte nur noch ins Bett und sich die Decke über den Kopf ziehen. Doch kaum war sie durch die Tür, kam schon ihre Mutter auf sie zu und bombardierte Lena mit tausend Fragen. Wie war dein Tag, hast du viele Hausaufgaben, kannst du mir vielleicht mit dem Geschirr helfen und wolltest du nicht gestern schon dein Zimmer aufräumen? Schnell merkte ihre Mutter, dass mit ihr etwas nicht stimmte. Sie war schon immer sehr gut darin gewesen, Lenas Stimmungen zu erkennen. Aber heute konnte ihr die nervige Fragerei ihrer Mutter echt gestohlen bleiben. Irgendwann konnte Lena nicht mehr an sich halten und brüllte: »Ich hasse Siegen! Ich hasse das Leben hier! Die Schule ist furchtbar und ich will einfach nur zurück nach Mainz. Dort war mein Leben noch in Ordnung. Das alles hier ist nur eure Schuld!« Noch bevor ihre Mutter etwas erwidern konnte, schnappte sich Lena ihre Jacke und murmelte beim Herausstürmen: »Ich haue ab. Für immer!«

Kaum war sie draußen angekommen, wurde ihr bewusst, dass sie keine Ahnung hatte, wo sie hingehen sollte. Also setzte sie sich erst einmal hinters Haus auf die Gartenbank. Während sie sich gerade überlegte, ob sie als Schwarzfahrerin nach Mainz kommen konnte oder eher zu ihrer Oma nach Heidelberg fahren oder vielleicht doch lieber wieder hoch zu ihrer Mutter gehen sollte – denn es war ganz schön kalt draußen, hörte sie plötzlich ein komisches Geräusch. Was konnte das nur sein und wo kam es her? Sie lief um das Haus herum und lauschte. Da war es wieder. Wenn sie nicht alles täuschte, kam das Geräusch aus der Wohnung der Goldbergs. Es klang wie das Nebelhorn eines Schiffes. Ob es ein Hilferuf von Sarah war? Vielleicht hatte die heute auch so einen Hammertag. Mit der könnte sie doch reden, sie würden sich trösten. Ehe sie sich versah, stand sie vor deren Tür und klingelte. Es dauerte nicht lange und Sarah machte auf. »Sarah, was war das für ein Geräusch? Kam das aus eurer Wohnung?« Sarah strahlte Lena an und sagte ohne auf Lenas Frage zu achten: »Komm herein! Ich freue mich, dass du da bist. Mein Onkel ist heute zu Besuch gekommen. Er war fast das ganze letzte Jahr in Jerusalem und hat ganz viele tolle Geschenke und Bilder mitgebracht. Willst du nicht hereinkommen und ihn kennenlernen?«

Sarahs Onkel stand mitten im Wohnzimmer vor einer großen Leinwand, auf der er wohl Fotos zeigte. Er trug einen Gebetsschal und hielt ein großes Horn in der Hand. War daher das Geräusch gekommen? Er bat die beiden, sich zu setzen und begann zu erzählen. »Willkommen Lena, ich bin Aaron. Gerade wollte ich anfangen, meiner Familie Bilder von einem Fest namens Rosch ha-Schana zu zeigen. Das Fest ist ungefähr vergleichbar mit eurem Neujahrsfest. Wir feiern es zum Anfang des jüdischen Jahres im Monat Tischri, der bei euch im September oder Oktober liegt. An den ersten zwei Tagen des Jahres besinnen wir uns auf einen Neuanfang. Wir erinnern uns an den Bund, den Gott mit unserem Volk Israel geschlossen hat und daran, dass wir uns untereinander nach Gottes Geboten verhalten sollen. Dann fragen wir, was im letzten Jahr bei uns nicht so gut gelaufen ist und was wir im nächsten Jahr ändern möchten. An diesen Tagen gehen wir in uns und suchen die Versöhnung mit anderen Menschen.« Versöhnung, ja das würde Lena sich auch wünschen. Ein Blick auf ihr Handy zeigte zehn neue Nachrichten.

Die wollte sie gar nicht lesen, sie ahnte, welche wüsten Beschimpfungen dabei sein würden. Vielleicht hatte auch ihre Mutter schon geschrieben.

Sarahs Onkel machte eine kurze Pause und Lena nahm all ihren Mut zusammen und fragte: »Und was war das gerade für ein Geräusch, das ich gehört habe?« Aaron lachte und hob das komische Horn auf. Er sammelte all seine Luft und blies tief hinein. Ein lauter, langer Ton kam heraus, der Lena an den Klang einer Posaune erinnerte. »Das ist ein Schofar, ein Widderhorn, mit dem an Rosch ha-Schana in der Synagoge geblasen wird. Dort wird die Geschichte von Abraham und Isaak erzählt, die kennst du doch, und es wird daran erinnert, dass Gott Abraham in letzter Sekunde gestattet, einen Widder anstelle seines Sohnes Isaaks zu opfern. Das Horn, das du hier siehst, ist aus so einem Widderhorn gemacht. Willst du auch einmal versuchen, auf dem Schofarhorn zu spielen?« Oh je, gehört hatte sie schon von Abraham und Isaak, aber diese Geschichte von einer Menschenopferung, nein, die kannte sie nicht. Sie konnte ja aber nicht schon wieder ihr Unwissen zugeben. Irgendwie wussten Muslime und Juden viel besser über ihre Religion Bescheid und das, obwohl sie doch immer den Religionsunterricht besucht hatte und eigentlich auch oft in der Kirche war.

Wie sehr sich Lena auch bemühte, sie bekam keinen einzigen Ton aus dem Schofar heraus. Alle um sie herum lachten laut, als sie nach Luft schnappte. »Mach dir nichts daraus, ich kriege auch nie einen Ton heraus«, sagte Sarah. Jetzt war sie etwas beruhigter und bemerkte das erste Bild auf der Leinwand. Ein langer, weiß gedeckter Tisch war dort zu sehen, auf dem Äpfel, Honig und runde Brote lagen. Auf Lenas fragenden Blick antwortete Aaron: »Das sind traditionelle Speisen, die wir Juden an Rosch ha-Schana essen. Die Äpfel werden mit Honig bestrichen und sollen die Hoffnung symbolisieren, dass das nächste Jahr genauso gut und süß wird.« Aaron wechselte das Bild und Lena sah ein großes imposantes Gebäude vor sich. »Oh, das ist aber eine schöne Synagoge, Onkel Aaron. Haben du und Tante Eva dort im letzten Jahr auch Jom Kippur gefeiert?«, fragte Sarah.

Was eine Synagoge war, wusste Lena zwar, aber was war denn nun wieder dieses Jom Kippur? »Ja, das ist ein Bild unserer Synagoge in Jerusalem«, antwortete Aaron. Auf Lenas fragenden Blick fuhr er fort. »Weißt du Lena, Jom Kippur ist der heiligste Tag für uns Juden und er liegt genau zehn Tage nach Rosch ha-Schana. Er heißt auch Versöhnungstag und dort hoffen wir auf die Vergebung unserer Sünden und die Versöhnung mit Gott. Um diese zu erhalten, haben wir die Tage zwischen Rosch ha-Schana und Jom Kippur Zeit, um uns unserer Fehler bewusst zu werden und uns mit anderen Menschen zu versöhnen. Am Abend vor Jom Kippur sprechen wir dann in der Synagoge ein Gebet namens Kol-Nidre, das uns von nicht eingehaltenen Versprechen vor Gott und unseren Mitmenschen befreien soll. An Jom Kippur fasten wir den ganzen Tag und beten in der Synagoge um die Vergebung unserer Sünden.«

Als Lena wenig später vor ihrer Haustür stand, fühlte sie sich erneut hundselend. Aarons Erzählung über Rosch ha-Schana und Jom Kippur hatten sie zum Nachdenken gebracht und nun hatte sie ein ganz schlechtes Gewissen ihrer Mutter gegenüber und Andrea gegenüber auch ein bisschen. Sie hätte ja auch einfach still sein können. Warum konnte sie nie ihre Klappe halten und sich solche Kommentare einfach nur denken? Ja, Versöhnung war wichtig. So viele Situationen fielen ihr ein, in denen andere sich mit ihr versöhnt hatten. Sie war eigentlich eher ein unversöhnlicher Typ, nachtragend und lange eingeschnappt. Ihre Brüder waren da ganz anders. Wenn die sich versöhnen wollten, schrieben sie ihr nette Briefe, brachten ihr einen Teller mit einem frischen Honigbrot (das aß sie so gerne) oder schenkten ihr ein Päckchen mit ihren Lieblingskaugummis. Versöhnung wurde da von dem Menschen eingeleitet, der auch schuld oder zumindest mit schuld am Streit war. Hier sollte Versöhnung in einem Ritual erfolgen. Was sollte das denn? Ging das überhaupt? Darüber musste sie noch mal mit Sarah reden. Sie erinnerte sich an eine Kindergottesdienststunde, in der sie Steine mit Dingen beschriftet hatten, an denen sie sich schuldig fühlen, und hatten diese dann im See vor der Kirche versenkt. Sie hatte damals »Fünf Euro« draufgeschrieben. Das bezog sich auf ein Ereignis, als sie mit acht Jahren ihrer Mutter fünf Euro aus dem Geldbeutel geklaut hatte, um mehr Geld für die Kirmes zu haben. Die Gemeindediakonin hatte dann gesagt, dass Gott über diese Taten jetzt ein »Schwamm drüber« machen würde. Da sie noch niemals mit jemandem über ihre Tat gesprochen hatte, fühlte sich das tatsächlich als Erleichterung an. Jetzt war die Situation aber anders. Alles war ganz frisch. Alles, was sie jetzt wollte, war, sich mit ihrer Mutter zu versöhnen.

3.3.8.2 Didaktischer Kommentar

Einstieg

Zu Beginn der Stunde wird ein Schofarhorn bzw. ein Bild davon gezeigt. Zwei bis drei Schülerinnen oder Schüler können versuchen, einen Ton herauszubekommen. Vielleicht wird ein Ton bzw. eine Melodie vorgespielt, um zu veranschaulichen, dass es wie eine Mischung zwischen Trompete und Posaune klingt. Vielleicht hilft eine Aufnahme[146]. Die Bedeutung des Horns wird aber nicht erklärt, sondern auf die Erzählung verwiesen.

Ablauf

Denkbar ist auch, direkt mit der Geschichte anzufangen und das Horn an der entsprechenden Stelle ertönen zu lassen. Nach dem Vorlesen bietet es sich an zu fragen, wie die Geschichte weitergehen könnte. Wie könnte Lena sich versöhnen? Dazu werden Versöhnungsrituale aus dem Text zusammengetragen und eine mögliche Handlungsoption für Lena wird überlegt.

In einem selbst überlegten Rollenspiel (für weniger kreative Gruppen gibt es Konfliktsituationen auf Rollenkarten[147]) sollen Streiten und Versöhnen »geübt« werden. Möglichkeiten werden an der Tafel gesammelt und eventuell in stärkeren Lerngruppen systematisiert.

Weitere Gesprächsanlässe

- Handy-Terror
- Weglaufen
- Bedeutung von Großeltern
- erste Liebe, Verhalten vor Anderen
- Eifersucht

---

146 Unter http://www.youtube.com/watch?v=686SoqV70y0 (Zugriff am 26.10.2013).
147 Beispiele und mögliche Szenarien bei Zimmermann, Mirjam, Feste in den Weltreligionen. Narratives Unterrichtsmaterial für die Sekundarstufe I. Göttingen 2015.

3.3.9 Neunter Zugang: Ostern und das hinduistische Holi-Fest

3.3.9.1 Die Geschichte – Kapitel 9: »Alvida«

Hier musste doch irgendwo noch so ein Körbchen sein … Sie wusste ganz genau, dass sie letztes Jahr drei Körbchen geschenkt bekommen hatte. Also musste das dritte ja auch noch hier sein. Wehe, ihre Eltern hatten den einen Korb weggeschmissen oder beim Umzug verloren! Da brauchte Lena einmal in ihrem Leben drei davon und nun konnte sie den einen nicht finden. Lena kroch noch weiter in die Kiste auf dem Dachboden hinein. Da unten sah sie etwas Grünes, neben dem Karnevalskostüm. Ja, das musste er sein! Sie zog daran und … Nein, das war der kleine Kunstweihnachtsbaum. Na toll! »Maaaamaaaa! Wo ist denn der Osterkorb?« Lena rief nach ihrer Mutter, die auf der anderen Seite des Dachbodens nach der Osterdekoration suchte. »Lena, was suchst du?«, rief ihre Mutter und kam näher. »Ja, ich suche den einen Osterkorb, den ich letztes Jahr von Oma und Opa bekommen habe.« »Aber du hast hier doch schon zwei. Wofür brauchst du denn dieses Jahr drei? Willst du nicht nur Sarah und Elif einen Osterkorb machen? Wofür dann der dritte?« Lenas Mutter war irritiert. »Mama, das tut jetzt hier nichts zur Sache. Ich brauche dieses Jahr nun einmal drei Körbe. Und den einen kann ich nicht finden!« Lena war ungeduldig. Wieso musste ihre Mutter immer so viele Fragen stellen? Sie musste nun wirklich nicht wissen, dass Lena neben Sarah und Elif auch Ergün einen Korb schenken wollte. Bei dem Gedanken an ihn lief sie schon wieder rot an. Obwohl sie mittlerweile nicht mehr ganz so rot wurde wie zu früheren Zeiten. Aber es war von enormer Wichtigkeit, dass Ergün dieses Jahr auch einen bekam. Denn seit Lena ihn und dieses Mädchen zusammen gesehen hatte, hatte sie sich einen Plan überlegt, wie sie ihre Konkurrentin ausstechen wollte. Und der erste Schritt war nun einmal dieser Osterkorb. »Also gut. Wenn du den einen nicht findest, dann gebe ich dir einen von unseren«, beruhigte ihre Mutter sie. Sie hatte es längst aufgegeben, Lena immer nach ihren Beweggründen zu fragen. Das Mädchen hatte es schon schwer genug, weil sie nach Siegen gezogen waren, und außerdem schien Lena nun langsam in ein Alter zu kommen, in dem man gerne etwas zickiger reagiert. Lena sagte immer: »Das Alter, in dem Eltern schwierig werden!« Bei dem Gedanken daran schmunzelte ihre Mutter. Sie hatte viel über die Pubertät gelesen, aber die Praxis mit ihrer Tochter war viel schwieriger.

Sie holte Lena einen Osterkorb aus der Dekokiste. »Danke, Mama«, sagte Lena schnell und flitzte mit den drei Körben die Treppe zum Dachboden hinunter. In ihrem Zimmer gestaltete sie drei schöne Osterkörbe mit viel Schokolade und bunten Ostereiern, die sie zusammen mit ihrer Mutter am vorigen Tag bemalt hatte. Bei einem der Körbchen hatte sie sich ganz besonders viel Mühe gegeben, denn das sollte Ergün bekommen. Auf sein Osterei hatte sie Herzchen gemalt. Das würde ihm sicher gefallen.

Am Samstagabend legte Lena zwei Osterkörbe vor die Haustür der Yilmaz' und einen Korb vor Sarahs Tür.

Der Ostersonntag war für Lena ein toller Tag. Zuerst war sie früh morgens um fünf Uhr mit ihren Eltern in die Osternacht in ihrer Siegener Gemeinde gegangen. Sogar Sarah und Elif waren mitgekommen, da sie sich sehr für das Osterfest interessierten. Lena begeisterte die Osternacht jedes Jahr aufs Neue. Zuerst war alles dunkel. Doch dann wurden Kerzen angezündet und die ganze Kirche wurde mit einem Mal hell. Das war eine ganz besondere Atmosphäre. In der Dunkelheit fühlte sie sich zuerst etwas unbehaglich. Aber als sich die Kerzen entzündeten, war dieses Gefühl mit einem Mal verschwunden und Lena fühlte sich überwältigt von diesem Eindruck. Sie dachte daran, als einmal der Strom ausgefallen war, als sie sich allein im Haus befand. Die Erleichterung, als es dann nach kurzer Zeit, aber gefühlten Stunden, wieder hell wurde, würde sie nie vergessen. Auch Sarah und Elif hatte es sehr gut gefallen – selbst wenn sie die langen altertümlichen lutherischen Gebete komisch fanden und beim Klingeln der Glöckchen kicherten. Lena fand es schön, dass nicht nur sie von ihren Religionen lernen konnte, sondern auch die beiden Mädchen vom Christentum.

Zu Hause angekommen hatten ihre Eltern Kleinigkeiten in der Wohnung versteckt und Lena und die Brüder durften sie suchen. Manchmal war es eben doch schön, wenn man noch nicht ganz so groß war – auch wenn Lena sich manchmal schon sehr erwachsen fühlte. Immer noch ein bisschen Kind sein zu dürfen, brachte einem wenigstens noch kleine Ostergeschenke. Für den Nachmittag hatte Lena sich wieder mit ihren beiden Freundinnen Elif und Sarah verabredet. Beide kamen mit ihren Osterkörben bei Lena vorbei. In

Lenas Zimmer setzten sich die drei Mädchen auf den Boden. »Vielen Dank für den tollen Osterkorb«, sagte Elif. »Auch von Ergün, er hat sich sehr gefreut. Ähm, Lena, wieso hast du ihm eigentlich auch einen Korb geschenkt? Der ist doch total blöd.« »Ähm, ich hatte einfach drei Körbe und dachte mir, dass ich ihm vielleicht eine Freude damit mache. Ihr habt mich ja schließlich auch mit in die Moschee genommen!«, konterte Lena nicht sehr schlagkräftig und fühlte, wie ihr die Röte ins Gesicht stieg.

»Ja, danke, Lena! Meiner ist auch wirklich schön«, schloss sich Sarah an. »Hast du die Eier selbst bemalt?« »Aber klar! Das ist eine lange Tradition in unserer Familie«, antwortete Lena. Sie wusste nicht, ob das wirklich eine lange Tradition in ihrer Familie war, aber es hörte sich ziemlich gut an, da die Goldbergs und die Yilmaz' ja auch so viele lange Traditionen hatten. »Aber was hat es eigentlich mit diesen Ostereiern auf sich?«, fragte Sarah. »Hat das eigentliche Osterfest überhaupt irgendetwas mit Eiern zu tun?« »Vielleicht hat Jesus gerne hart gekochte Eier gegessen und um seiner zu gedenken, gibt es jetzt auch Eier an Ostern«, vermutete Elif. »Davon hab ich aber noch nie was gehört«, erwiderte Sarah. »Ehrlich gesagt, weiß ich gar nicht genau, warum das so ist«, sagte Lena. Das waren gute Fragen. Wieso feierte man eigentlich Ostern mit Ostereiern und wieso wurden diese auch noch von einem Osterhasen gebracht? Wer könnte ihr bei diesen Fragen helfen?

Evtl. Unterbrechung

Zum Glück hatte ihre Oma Lena am Telefon über die Fragen mit den Ostereiern und dem Hasen aufklären können. Auf ihre Oma war doch immer Verlass. Jetzt fühlte sich Lena auch nicht mehr ganz so unwissend und konnte Elif und Sarah in der Schule alles darüber erzählen – von dem Frühling und den Symbolen des Lebens, für die das Ei und das Kaninchen, das ja so viele Jungen bekam, stehen.

Aber Ostern war nun vorbei und Lenas Mutter bat sie, ihr beim Wegräumen der Osterdekoration behilflich zu sein. Sie verstauten alles wieder in der großen Umzugskiste auf dem Dachboden. Dabei fiel ihr ein großer bunter Schal ins Auge, der in der Ecke lag. Lena hob ihn auf und schaute ihn sich genauer an. Er war wirklich sehr groß, aber gleichzeitig aus ganz leichtem Stoff, der sich ein bisschen wie Seide anfühlte. Der Schal war rot und orange. Darauf abgebildet waren Elefanten und verschiedene Muster. Alles in allem erinnerte er Lena sehr an Indien.

Indien! Das war es. Der Schal musste Rana gehören. Vielleicht hatten sie ihn hier vergessen, als sie weggezogen waren. »Oh, das ist aber ein schöner Sari«, hörte Lena ihre Mutter hinter sich sagen. »Ein was?«, fragte Lena. »Diesen Schal nennt man Sari. Er wird traditionell von Frauen in Indien getragen«, antwortete ihre Mutter. »Der muss sicher der Familie gehört haben, die vor uns in der Wohnung gewohnt hat. Ich meine, mich erinnern zu können, dass sie wieder zurück nach Indien gezogen sind.« »Ja, genau«, sagte Lena. »Ich habe doch die E-Mail-Adresse von Rana bekommen. Ich schreib direkt mal, dass ich diesen Sari gefunden habe. Vielleicht wird er ja sogar vermisst!« Da fiel ihr wieder ein, dass Rana noch gar nicht auf ihre letzte E-Mail geantwortet hatte. Sie hatte gefragt, ob Rana ein Junge oder ein Mädchen war. Lena überlegte, ob sie wirklich schreiben sollte, denn sie wollte auf keinen Fall nerven. Aber vielleicht hatte er oder sie im Moment nicht so viel Zeit und konnte deswegen nicht antworten. Lena entschied, dass es wichtig war, die Sache mit dem Sari zu klären. Deshalb setzte sie sich an ihren Computer und fing an, Rana eine E-Mail zu schreiben:

Liebe(r) Rana,
ich bin's, Lena. Wie geht es dir in Indien? Du hast gar nicht auf meine letzte E-Mail geantwortet. Hast du im Moment viel zu tun? Hier in Siegen habe ich mich mittlerweile echt gut eingelebt. Heute habe ich mit meiner Mutter die Osterdekoration auf den Dachboden geräumt und da habe ich einen sehr, sehr großen Schal gefunden. Meine Mutter meint, dass er Sari heißt und bei euch in Indien von den Frauen getragen wird. Vielleicht gehört er deiner Mutter und ihr habt ihn hier vergessen, als ihr weggezogen seid? Ich möchte wirklich gerne mehr über dich erfahren und würde mich sehr freuen, bald von dir zu hören.
Viele Grüße, Lena.

Sie schickte die E-Mail ab und konnte es gar nicht erwarten, dass sie eine Antwort bekam. Wie viel Uhr war es jetzt wohl in Indien? Das könnte ja noch eine Weile dauern, wenn Rana jetzt vielleicht schon schlief. Am nächsten Morgen vor der Schule rief sie erwartungsvoll ihre E-Mails ab und siehe da, eine E-Mail von rana.bengore@yahoo.com lag in ihrem Postfach!

Liebe Lena,
    es freut mich wirklich sehr, von dir zu hören. Es tut mir leid, dass ich nicht geantwortet habe, aber in letzter Zeit musste ich mich sehr auf die Schule konzentrieren. Ich vermisse Siegen und meine Freunde ein wenig, auch wenn es hier in Indien wirklich schön ist. Auf jeden Fall ist das Wetter hier hunderttausendmal besser als in Siegen. Es ist toll, dass du den Sari gefunden hast. Er gehört wirklich meiner Mutter und sie hatte schon befürchtet, ihn verloren zu haben. Ich hoffe, dass Ostern bei dir sehr schön war? Wir sind ja Hindus, da gibt es kein Ostern. Wir haben gerade das Holi-Fest gefeiert. Das ist das tollste und farbenfreudigste Fest in ganz Indien. Ich habe dir ein paar Bilder und eine Beschreibung des Festes im Anhang beigefügt. Ich habe auch tolle Neuigkeiten! Wir können uns bald richtig kennenlernen! Ich fliege nämlich bald mit meinen Eltern für eine Woche zurück nach Siegen, weil wir auf einer Hochzeit von Freunden eingeladen sind! Dann kann ich dich auch mal besuchen kommen! Viele Grüße zurück und alvida (das bedeutet »Auf Wiedersehen« auf Hindi) sendet dir dein Rana.
    P. S. Ich bin übrigens ein Junge!

Lena war begeistert. Sie würde Rana bald kennenlernen! Darauf freute sie sich wirklich sehr. Allerdings musste sie sich da noch ein bisschen zum Hinduismus informieren. Bestimmt gab es auch eine Geschichte zu diesem Holi-Fest, das gab es doch in allen Religionen. Gab es im Hinduismus nicht viele Götter? Und waren die Menschen da nicht in Klassen oder Kasten eingeteilt und man durfte untereinander nicht einmal heiraten? Dazu hatte sie mal eine Folge von »Wissen macht Ah!« gesehen. Da ging es auch um Wiedergeburt und um Erleuchtung und so. Von einem Lichterfest hatte Rana ja geschrieben und im Yogakurs ihrer Mutter brannten auch immer viele Kerzen. Sie würde mal nachschauen.
    Als nächstes klickte sie auf die im Anhang beigefügten Dateien und tauchte in die farbenprächtige Welt Indiens ein …

3.3.9.2 Didaktischer Kommentar
Einstieg

Denkbar wäre, mit einem Sari anzufangen, den Lena auf dem Dachboden gefunden hat. Das Gespräch über Kleidung in unterschiedlichen Kulturen kann auf die Bedingtheit von Schönheitsvorstellungen verweisen.

Man könnte auch die Wirkung von Dunkelheit und Licht erproben, wenn der Raum verdunkelbar ist, oder über Erfahrungen im Dunkeln erzählen: Der Klassenraum wird verdunkelt, die Klasse soll für drei Minuten ruhig sein, dann werden bunte Kerzen angezündet. Als Aufgabe wird formuliert:

»Schreibt erst drei Worte auf eure Karteikarte, die ihr mit Dunkelheit verbindet: Wie habt ihr euch in der Dunkelheit gefühlt? Wie fühlt ihr euch, wenn es irgendwo im Alltag ganz dunkel ist? Dann schreibt drei Worte auf, die beschreiben, wie ihr euch gefühlt habt, als die bunten Lichter angezündet wurden und geleuchtet haben.«

Zuerst werden die Dunkelheit-Karten, dann die Helligkeit-Karten vorgelesen.

Diese Wahrnehmungsübung kann auch im Anschluss an das Vorlesen erfolgen.

Ablauf

Danach wird die Geschichte vorgelesen. Im Anschluss kann Inhaltliches zum Osterfest wiederholt werden (Warum feiern wir überhaupt Ostern? Was hat Ostern mit Jesus zu tun? Was haben Ostereier und der Osterhase mit Ostern zu tun? Wie ist der Ablauf einer Osternacht, was ist daran Besonderes?)

Nun werden die Bilder von Lena zum Holi-Fest angeschaut (Beispiele finden sich leicht im Internet). Geben sie auch Erfahrung von Freude, Zufriedenheit, Glück wieder, wie sie von den Schülerinnen und Schülern auf den Farbenlicht-Karten genannt wurden?

Zur Vertiefung werden die »Lichterfeste« in den Religionen wiederholt.[148]

---

148 Ein Beispiel findet sich in Zimmermann, Mirjam, Feste in den Weltreligionen. Narratives Unterrichtsmaterial für die Sekundarstufe I. Göttingen 2015.

Als Hausaufgabe könnte ein Rechercheauftrag erfolgen, durch den – wie von Lena – Informationen dazu eingeholt werden, was Erleuchtung, Kasten, Gottheiten im Hinduismus etc. sind.

Weitere Gesprächsanlässe
- Ostern
- Fremdheit im Gottesdienst, lutherische Liturgie/altes Brauchtum
- Pubertät – Auswirkungen, Folgen
- die Bedeutung von Schenken
- Freundschaften pflegen
- Hinduismus: Erlösung, Kasten, Kreislauf des Lebens

Ergänzung
Die Geschichte zum Holi-Fest lautet folgendermaßen:
Der Vater des Prinzen Prahlada versuchte seinen Sohn zu überreden, dass er ihm als seinem Erzeuger und Ernährer göttliche Ehre zu erweisen habe. Prahlada verehrte aber trotz der väterlichen Bemühungen nur den Gott Vishnu. Enttäuscht versuchte nun der König auf unterschiedliche Weise seinen Sohn zu töten. Jedes Mal jedoch griff Vishnu selbst in die gefährlichen Situationen ein und rettete das Kind. Schließlich versuchte der König es mit einer List: Seine Schwester, die Dämonin Holika, war durch besondere Kräfte vor dem Feuer geschützt. Sie sollte mit Prahlada auf dem Schoß ins Feuer springen und ihn so verbrennen. Aber die Flammen verschonten das Kind und von Holika blieb nur ein Häufchen Asche. Seither feiern die Menschen als Erinnerung an die Vernichtung der Dämonin das Fest Holi.

3.3.10 Zehnter Zugang: Gastfreundschaft in den Religionen

3.3.10.1 Die Geschichte – Kapitel 10: »Rana kommt«

»Und ich sag es dir nochmal, wir kennen den Jungen nicht, also wird er nicht bei uns übernachten!« Lena war entsetzt. Ihre Mutter ließ sich wirklich nicht von ihrer Meinung abbringen. Was sollte sie denn jetzt machen? Rana hatte nochmal eine E-Mail geschrieben. Seine Eltern konnten bei dem befreundeten Brautpaar übernachten, doch er wollte lieber bei seinen alten und neuen Freunden sein. Es schien dort auch wenig Platz zu geben. Als er Lena dann gefragt hatte, ob er vielleicht die Woche bei ihnen unterkommen könnte, hatte Lena vor lauter Aufregung sofort zugesagt, ohne vorher ihre Eltern zu fragen. Das versuchte sie gerade …

»Aber Mama, wir haben doch genug Platz. Er kann doch bei Johannes mit im Zimmer schlafen. Das ist so unfair!« Ihre Mutter schüttelte den Kopf: »Dein Vater und ich übernachten seit wir hier eingezogen sind im Wohnzimmer, wo bitte haben wir genug Platz? Außerdem haben wir mit Johannes' Umzug nach Bethel in den Ferien genug zu tun. Da kann ich mich nicht noch um einen fremden Jungen kümmern.« Lena stiegen die Tränen in die Augen. »Du musst dich nicht um Rana kümmern, das mach' ich schon …«

Ein bisschen wusste sie, dass ihre Mutter Recht hatte. Soviel Platz hatten sie nicht und es war für ihre Eltern momentan stressig genug. Johannes hatte seinen Realschulabschluss geschafft und würde im August seine Ausbildung zum Krankenpfleger in Bethel bei Bielefeld anfangen. Bis dahin gab es noch viel zu tun. Er musste sich eine Wohnung suchen, Möbel kaufen und alles dorthin transportieren. Ihre Eltern hatten versprochen, ihm dabei zu helfen. Außerdem würden sie sich dann ihr Schlafzimmer einrichten.

Die Sommerferien würden für Mama, Papa und Johannes also gefüllt mit Umzugsstress sein. Da war es wirklich nicht ganz einfach, wenn noch ein anderer Mitbewohner eine Woche in diesem Chaos hauste …

Was machte sie denn jetzt nur? Sie war so gespannt darauf, wie er aussah und ob sie sich auch persönlich so viel erzählen konnten wie in ihren E-Mails.

Wo brachte man nun also einen indischen Jungen unter? Ein Hotel wäre unbezahlbar.

Vielleicht sollte sie Sarah oder Elif mal fragen, wie es bei denen zu Hause aussah … Wie praktisch, dass die beiden sowieso gleich vorbeikommen wollten. Lena hatte Muffins für sie gebacken, denn heute war der letzte Schultag und die drei wollten das feiern. Schließlich hatte sie von beiden schon so oft kleine Köstlichkeiten bekommen, dass sie sich mal revanchieren wollte. Und dann könnten die drei nochmal in aller Ruhe das vergangene Schuljahr bequatschen und was sie in den Ferien so vorhatten natürlich.

Es klingelte. Da standen die beiden schon vor der Tür. Lena guckte kurz ins Treppenhaus, ob sie rein zufällig Ergün irgendwo entdecken konnte, aber Fehlanzeige. Als sie merkte, dass ihre Freundinnen sie verdutzt ansahen, wurde sie rot, trat schnell einen Schritt zurück und ließ die beiden herein. Sarah sah die Muffins auf der Spüle und verspürte Appetit: »Hi Lena, hast du gebacken?« fragte Sarah. »Ja, Muffins, also, ich hatte eigentlich viel, viel mehr Muffins gebacken, aber …« Lena stammelte.

Sie hatte die Muffins gestern auf die Spüle gestellt und heute Mittag waren nur noch ziemlich wenige da gewesen. Ihre Brüder, diese Vielfraße, hatten sich über das Gebäck hergemacht und im Laufe des Mittags eine ganze Menge davon aufgegessen. Das hatte ziemlichen Ärger gegeben, aber ein paar Muffins hatten sie ja zum Glück übrig gelassen. Hoffentlich war Rana nicht so gefräßig. Was aß man in Indien eigentlich? Lena merkte schon wieder, dass sie mit den Gedanken ganz woanders war. Sie musste sich die ganzen Fragen, die sie an Rana hatte, am besten mal irgendwo aufschreiben, quasi als Spickzettel.

Die Mädchen setzten sich an den Tisch und begannen zu essen. Es war ein schöner letzter Schultag gewesen, die Lehrerinnen und Lehrer hatten mit ihnen hauptsächlich Spiele gemacht und der Unterricht fand zum Teil sogar draußen statt. Die Sonne schien herrlich, vielleicht würden sie nachher noch ein bisschen zum Spielen rausgehen.

»So, schon wieder ist ein Schuljahr vorbei, ist das nicht unglaublich?« fragte Sarah. Elif und Lena nickten. Das war wirklich schnell gegangen. Lena war nun schon ein Jahr in Siegen und wollte die Zeit und ihre Freunde hier nicht missen. »Wir haben aber auch echt schon einiges erlebt und sooo viele Feste zusammen gefeiert, dass ich da mal nicht durcheinander komme!«, sagte Lena.

»Ach, wir helfen dir. Eigentlich eine gute Idee. Sarah, wollen wir Lena mal ein bisschen abfragen? Mal sehen, was sie sich gemerkt hat!«, meldete sich Elif zu Wort. Sarah fand die Idee super, Lena war nicht so begeistert. Die Schule war doch vorbei, da sollte sie jetzt abgefragt werden? Hoffentlich hatte sie nicht alles wieder vergessen. »Na gut, wir können es ja mal versuchen. Fragt mich ruhig! Aber am Ende darf ich euch auch Fragen zu christlichen Festen stellen, einverstanden?« Sie waren einverstanden. Und so ging es los.

Unterbrechung: Kreuzworträtsel

Wahnsinn, so viele Feste hatten sie gefeiert. Nun war das Rätselraten aber vorbei. Schließlich wollten die drei sich auch mal anderen Gesprächsthemen widmen, wie Jungs zum Beispiel oder der Ferienplanung. Lena konnte beide Themen verbinden, als sie den Mädchen von Ranas angekündigtem Besuch erzählte. Die beiden freuten sich sehr, besonders Sarah schien ganz aus dem Häuschen zu sein. Im Gegensatz zu Lena kannten sie Rana persönlich. Er hatte schließlich eine ganze Zeit lang mit ihnen in einem Haus gewohnt.

»Naja, also er fliegt nächste Woche hierher und bleibt dann eine Woche in Siegen. Und ich hab ihm gesagt, dass er bei uns wohnen kann. Ähm ... Ich hab da bloß ein kleines Problem ...« Lena wusste gar nicht, wie sie fragen sollte. »Deine Mama erlaubt es nicht, habe ich Recht?«, fragte Sarah. »Ja, leider ... Wegen Johannes' Umzugs und aus Platzmangel und weil sie Rana nicht kennt.«

Elif runzelte die Stirn: »Ehrlich? Also, das ist ja komisch. Wir haben ständig jemanden zu Besuch. Viel Platz haben wir auch nicht, aber dann schlafen die Jungs meistens auf dem Sofa und die Gäste in deren Zimmern. Ganz normal ...«

Das fand Lena jetzt gar nicht so normal. Ständig jemand anderen in ihrem Bett schlafen zu lassen und dafür selber auf die Couch umzuziehen? Das war doch ihr Bett ... Aber dann hätte sie ja vielleicht Glück und Rana könnte bei Familie Yilmaz übernachten. »Elif, würdest du deine Eltern mal fragen, ob das in Ordnung ist, wenn Rana dann in der Zeit bei euch wohnt? Er würde mit Sicherheit auch Essensgeld bezahlen.« »Essensgeld? Lena, lass das bloß meinen Vater nicht hören, dann ist der tödlich beleidigt. Gastfreundschaft steht in unserer Familie an oberster Stelle, aber doch nicht gegen Geld.«

Interessant, was Elif da sagte. Lena wunderte sich schon ein bisschen, dass es in der Familie Yilmaz offensichtlich gar kein Problem sein könnte, jemanden aufzunehmen, auch wenn man ihn nicht sooo gut kannte. Da gab es wieder einen Unterschied zu ihrer Familie. Ob das kulturell bedingt war? Naja, jedenfalls war sie dankbar, dass es so vielleicht klappen würde.

»Ich würde sonst auch fragen«, sagte Sarah, »aber Levi hat im Moment eine schrecklich anstrengende Phase, nachts schreit er oft.

Ich weiß nicht, ob Rana da so gut schlafen könnte. Aber …« Jetzt wurde Sarah rot. »Was ist denn?« fragten die anderen beiden wie aus einem Munde. »Na, wenn Rana da ist, dann können wir aber trotzdem auch alle zusammen was unternehmen, oder? Weil … Ich fand den wirklich sehr, sehr nett. Nur auf meine Briefe hat er nie geantwortet. Vielleicht sind die auch nicht angekommen.«

Da lachten alle, Sarah schien sich wohl ein bisschen in Rana verguckt zu haben. In diesem Moment war Lena einfach nur glücklich, Elif und Sarah als Freundinnen gefunden zu haben. Mit ihnen konnte sie so viel lachen und über alle Dinge sprechen. Lena erinnerte sich noch genau daran, wie unwohl es ihr am Tag ihres Umzugs vor gut einem Jahr zumute war. Ständig musste sie weinen und hatte fürchterliches Heimweh.

Damals hatten ihr die Einträge ihrer ehemaligen Mitschülerinnen und Mitschüler in das Erinnerungsbuch, das Frau Brünning ihr mit auf den Weg gegeben hatte, sehr geholfen. Als Lena sich nun, am letzten Schultag, ins Bett legte, las sie noch einmal einige dieser Einträge, die ihr vor dem ersten Schultag so viel Kraft gegeben hatten.

Etwas wehmütig war Lena schon, aber nur für kurze Zeit. Vor allem war sie glücklich. Die letzte Zeit war so schnell vergangen und sie hatte so viel erlebt, dass sie meistens hundemüde ins Bett gefallen war. Aber heute wollte sie nicht sofort einschlafen, sondern über ihr bisher schönstes Erlebnis in Siegen nachdenken. Vor ihr tauchte das Bild von Ergün auf. Ein bisschen Hoffnung machte sie sich schon noch …

3.3.10.2 Didaktischer Kommentar

Einstieg

Folgende Frage bietet sich zum Einstieg an: Wie würden eure Eltern reagieren, wenn ihr eine Internetbekanntschaft zum Übernachten einladen würdet?

Habt ihr schon Erfahrungen mit einem Schüleraustausch (vielleicht durch Geschwister)?

Ablauf

Die Geschichte wird im Anschluss daran vorgelesen, die Frage an die Eltern/Mutter kann nach Sammlung von Argumenten als Rollenspiel nachgespielt werden.

Im Anschluss daran werden das Sachwissen und die erworbenen Kompetenzen anhand eines Quiz bzw. von Aufgaben als Abschluss der Einheit überprüft.[149] Anforderungssituationen, bei denen die gelernte Deutungs-, Kommunikations- und Gestaltungskompetenzen deutlich werden, können auch gemeinsam mit den Schülerinnen und Schülern entworfen und danach bearbeitet werden.

Weitere Gesprächsanlässe
- Fragen zu Indien
- Sommerferien, Freizeitplanung
- gute Freunde
- Erinnerungen festhalten: Tagebuch, Briefe u. a.

---

149 Vgl. z. B. in: Zimmermann, Mirjam, Feste in den Weltreligionen. Narratives Unterrichtsmaterial für die Sekundarstufe I. Göttingen 2015.

Literatur

Angermeyer, Helmut/Renzing-Hombrecher, Hanna/Hust, Renate, Weltmacht Islam. Arbeitsheft Sekundarstufe II. Lehrerheft. Göttingen 1975.
Assmann, Jan, Religion und kulturelles Gedächtnis. München ²2004.
Assmann, Jan, Das kulturelle Gedächtnis: Schrift, Erinnerung und politische Identität in frühen Hochkulturen. München ⁷2013.
Baumann, Ulrike, Gottesglaube und interreligiöses Lernen. In: Baumann, Ulrike, u. a. (Hgg.), Religionsdidaktik. Praxishandbuch für die Sekundarstufe I und II. Berlin 2005, 95–116.
Bernlochner, Max, Interkulturell-interreligiöse Kompetenz. Positionen und Perspektiven interreligiösen Lernens im Blick auf den Islam. Paderborn 2013.
Biehl, Peter, Festsymbole. Neukirchen-Vluyn 1999.
Bucher, Anton A., Religionsunterricht zwischen Lernfach und Lebenshilfe. Stuttgart ²2000.
Bundeszentrale für politische Bildung (Hg. u. a.), Datenreport 2011. Bonn ¹³2012. Online unter: https://www.destatis.de (Zugriff am 12.06.2014).
Bundeszentrale für politische Bildung, (Hg. u. a.), Datenreport 2012. Bonn ¹⁴2013. Online unter: https://www.destatis.de (Zugriff am 12.06.2014).
Comenius, Johann Amos, Orbis sensualium pictus. Original 1658. Nachdruck. Dortmund ³1985.
Doedens, Folkert, Religionspädagogische Prüfsteine. Eine Überleitung. In: Weiße, Wolfram (Hg.), Wahrheit und Dialog. Theologische Grundlagen und Impulse gegenwärtiger Religionspädagogik. Münster u. a. 2002, 85–88.
Doedens, Folkert/Weiße, Wolfram, Religion unterrichten in Hamburg. In: Theo-Web 6 (2007) 1, 50–67. Online unter: http://www.theo-web.de/zeitschrift/ausgabe-2007–01/6.pdf (Zugriff am 10.06.2014).
Eckhold, Margit, Poetik der Kultur. Bausteine einer interkulturellen dogmatischen Methodenlehre. Freiburg i. Br. 2002.
EKD (Hg.), Kerncurriculum für das Fach Evangelische Religionslehre in der gymnasialen Oberstufe. Themen und Inhalte für die Entwicklung von Kompetenzen religiöser Bildung. EKD-Texte 109. Hannover 2010.
EKD (Hg.), Kompetenzen und Standards für den Evangelischen Religionsunterricht in der Sekundarstufe I. Ein Orientierungsrahmen. EKD-Texte 111. Hannover 2011.
Fisher, Walter, Human Communication as Narration. Columbia/South Carolina 1987.
Fowler, James W., Stages of Faith. The Psychology of Human Development and the Quest of Meaning. San Francisco 1981.

Grethlein, Christian, Interreligiöse Themen. In: Rothgangel, Martin/Adam, Gottfried/Lachmann, Rainer (Hgg.), Religionspädagogisches Kompendium. Göttingen ⁷2012, 403–415.

Hellmann, Christian, Religiöse Bildung, Interreligiöses Lernen und Interkulturelle Pädagogik. Eine religionsgeschichtliche Untersuchung zur religiösen und interkulturellen Erziehung in der Moderne. Frankfurt a. M. 2000.

Herrmann, Hans-Jürgen/Löffler, Ulrich, Religionen. Schülerheft. Stuttgart 2007.

Huntington, Samuel Phillips, Kampf der Kulturen. Die Neugestaltung der Weltpolitik im 21. Jahrhundert. München 2002.

Keshavjee, Shafique, Der König, der Weise und der Narr. Der große Wettstreit der Religionen. München 2000.

Kirste, Reinhardt/Tworuschka, Udo, Die Feste der Religionen. Gütersloh 1995.

Kliemann, Peter, Das Haus mit den vielen Wohnungen. Stuttgart 2006.

Koep, Joseph (unter Mitarbeit von Ackermann, Marga, u. a.), Die ›Heiden‹ und Wir. Weltreligionen. Lehrerheft Sek I., 8./9. Schuljahr, Hauptschule. München 1973.

Koschorke, Albrecht, Wahrheit und Erfindung. Grundzüge einer Allgemeinen Erzähltheorie. Frankfurt a. M. 2012.

Kropač, Ulrich, Religiöse Pluralität als religionsdidaktische Herausforderung. In: Böttigheimer, Christoph/Filser, Hubert (Hgg.), Kircheneinheit und Weltverantwortung. Regensburg 2006, 471–486.

Kuhn, Elke (Hg.), Gott in vielen Namen feiern. Interreligiöse Schulfeiern mit christlichen und islamischen Schülerinnen und Schülern. Gütersloh 1998.

Küng, Hans, Wozu Weltethos. Religion und Ethik in Zeiten der Globalisierung. Im Gespräch mit Jürgen Hoeren. Freiburg 2002.

Lähnemann, Johannes, Weltreligionen im Unterricht. Eine theologische Didaktik für Schule, Hochschule und Gemeinde, Bd. I: Fernöstliche Religionen, Bd. II: Islam. Göttingen 1986.

Lähnemann, Johannes, Weltreligionendidaktische Grundregeln. In: Groß, Engelbert/König, Klaus (Hgg.), Religionsdidaktik in Grundregeln. Leitfaden für den Religionsunterricht. Regensburg 1996, 49–67.

Lähnemann, Johannes, Zugänge zu den Weltreligionen. In: Adam, Gottfried/Lachmannn, Rainer (Hgg.), Religionspädagogisches Kompendium. Göttingen ⁵1997, 427–448.

Landgraf, Michael, Schalom Martin. Eine Begegnung mit dem Judentum. Wiesbaden 2006.

Landgraf, Michael, Salam Mirjam. Eine Begegnung mit dem Islam. Wiesbaden 2008.

Landgraf, Michael, Religionen der Welt. Judentum und Islam, Hinduismus, Buddhismus und Naturreligionen begegnen. Einführung – Materialien – Kreativideen. Stuttgart 2012.

Landgraf, Michael/Meißner, Stefan, Judentum. Einführung – Materialien – Kreativideen. Stuttgart ²2012.

Langenhorst, Georg, Theologie und Literatur. Ein Handbuch. Darmstadt 2005.

Langenhorst, Georg, Literarische Texte im Religionsunterricht. Ein Handbuch für Theorie und Praxis. Freiburg/Basel/Wien 2011.
Leimgruber, Stephan, Interreligiöses Lernen. München 2007.
Leimgruber, Stephan/Ziebertz, Hans-Georg, Interkulturelles und Interreligiöses Lernen. In: Hilger, Georg/Leimgruber, Stephan/Ziebertz, Hans Georg (Hgg.), Religionsdidaktik. Ein Leitfaden für Studium, Ausbildung und Beruf. München ^{6}2010, 462–471.
Lenhard, Hartmut, Rezension zu Michael Landgraf, Schalom Martin und Salam Mirjam. In: Religion 5–10 10 (2013), 34 f.
Lévinas, Emmanuel, Die Spur des Anderen. Untersuchungen zur Phänomenologie und Sozialphilosophie. Freiburg i. Br./München ^{4}1999 (orig. En découvrant l'existence avec Husserl et Heidegger. Paris 1949).
Meyer, Karlo, Lea fragt Kazim nach Gott. Christlich-muslimische Begegnungen in den Klassen 2 bis 6. Göttingen 2006.
Meyer, Karlo, Fünf Freunde fragen Ben nach Gott. Begegnungen mit jüdischer Religion in den Klassen 5–7. Göttingen 2008.
Meyer, Karlo/Janocha, Barbara, Wie ist das mit … den Religionen. Stuttgart 2007.
Meyer, Karlo, Zeugnisse fremder Religionen im Unterricht. »Weltreligionen« im deutschen und englischen Schulsystem. Neukirchen-Vluyn 1999/unveränderte Neuauflage Göttingen 2012.
Ministerium für Kultus, Jugend und Sport des Landes Baden-Württemberg (Hg.), Evangelische Religionslehre, Bildungsstandards für evangelische Religionslehre Gymnasium – Klassen 6, 8, 10, Kursstufe. In: Ministerium für Kultus, Jugend und Sport des Landes Baden-Württemberg, Bildungsplan 2004 Allgemeinbildendes Gymnasium. Stuttgart 2004, 23–36. Online unter: http://www.bildung-staerkt-menschen.de/service/downloads/Bildungsstandards/Gym/Gym_evR_bs.pdf (Zugriff am 03.06.2014); zitiert als: Lehrplan Gymnasium SekI/SekII BW.
Ministerium für Schule und Weiterbildung des Landes Nordrhein-Westfalen (Hg.), Kernlehrplan für die Gesamtschule in Nordrhein-Westfalen, Evangelische Religionslehre. Düsseldorf 2012. Online unter: http://www.standardsicherung.schulministerium.nrw.de/lehrplaene/upload/klp_SI/GE/ER/3109_KLP_GE_Ev_Religionslehre_Endfassung_2012-12-14.pdf (Zugriff am 03.06.2014); zitiert als: Lehrplan Gesamtschule NRW.
Müller-Bardorff, Helga, Art. Fest, Feier. LexRP I (2001), 573–575.
Niedersächsisches Kultusministerium (Hg.), Kerncurriculum für das Gymnasium Schuljahrgänge 5–10. Evangelische Religion. Hannover 2009. Online unter: http://db2.nibis.de/1db/cuvo/datei/kc_evrel_gym_i.pdf (Zugriff am 03.06.2014); zitiert als: Lehrplan Gymnasium Sek I NI.
Obst, Gabrielle, Kompetenzorientiertes Lehren und Lernen im Religionsunterricht. Göttingen ^{3}2010.
Pressler, Mirjam, Nathan und seine Kinder. Weinheim 2008.
PTI (Pädagogisch-Theologisches Institut Hamburg) (Hg.), Vielfalt der Feste –

Reichtum der Religionen. Feste der Weltreligionen in der multikulturellen Schule gestalten. Hamburg ²1997.
Ricœur, Paul, Philosophische und Theologische Hermeneutik. In: E. Jüngel/ Ders., Die Metapher. Zur Hermeneutik religiöser Sprache. EvTh.E. München 1974a, 24–45.
Ricœur, Paul. Die Interpretation. Ein Versuch über Freud. Frankfurt a. M. 1974b (orig. De l'interprétation. Essai sur Freud. Paris 1965).
Ricœur, Paul, Zeit und Erzählung. Bd. 1–3. Übergänge 18/1–3. München 1988– 1991 (orig. Temps et récit. Paris 1983–1985).
Ricœur, Paul, Narrative Identität. In: Ders., Vom Text zur Person. Hermeneutische Aufsätze (1970–1999), übers. und hg. v. P. Welsen. Hamburg 2005, 209–226.
Ritschl, Dietrich/Jones, Hugh O., ›Story‹ als Rohmaterial der Theologie. Theologische Existenz heute 192. München 1975.
Sajak, Claus Peter/Muth, Ann-Kathrin, Standards für trialogisches Lernen. Interkulturelle und interreligiöse Kompetenzen in der Schule fördern. Bad Homburg 2011.
Schambeck, Mirjam, Interreligiöse Kompetenz. Göttingen 2013.
Schambeck, Mirjam, Multi-Kulti? Kulturtheoretische, theologische und religionspädagogische Überlegungen. In: Rahner, Johanna/Schambeck, Mirjam (Hgg.), Zwischen Integration und Ausgrenzung. Migration, religiöse Identität(en) und Bildung – theologisch reflektiert. Münster 2011, 177–214.
Schapp, Wilhelm, In Geschichten verstrickt. Zum Sein von Mensch und Ding. Frankfurt a. M. ⁵2012 (1. Aufl. 1953).
Scheunpflug, Annette, Zum Verhältnis zwischen interreligiösem, interkulturellem, ökumenischem und globalem Lernen. In: Schreiner, Peter/Sieg, Ursula/ Elsenbast, Volker (Hgg.), Handbuch interreligiöses Lernen. Eine Veröffentlichung des Comenius-Instituts. Gütersloh 2005, 268–281.
Selman, Robert L., The Growth of Interpersonal Understanding. Development and Clinical Analyses. New York 1980.
Sieg, Ursula, Fest in den Religionen. Werkbuch für Schulen und Gemeinden. Düsseldorf 2003.
Steinwede, Dietrich (Hg.), Weltreligionen erzählen und verstehen. Gütersloh 1999.
Streib, Heinz, Wie finden interreligiöse Lernprozesse bei Kindern und Jugendlichen statt? Skizze einer xenosophischen Religionsdidaktik. In: Schreiner, Peter/Sieg. Ursula/Elsenbast, Volker (Hgg.), Handbuch interreligiöses Lernen. Eine Veröffentlichung des Comenius-Instituts. Gütersloh 2005a, 230–243.
Streib, Heinz, Faith Development Research Revisited. Accounting for Diversity in Structure, Content, and Narrativity of Faith. In: International Journal for the Psychology of Religion 15 (2005b) 2, 99–121.
Sundermeier, Theo, Mission und Dialog in der pluralistischen Gesellschaft. In: Feldtkeller, Andreas/Sundermeier, Theo (Hgg.), Mission in pluralistischer Gesellschaft. Frankfurt a. M. 1999, 11–25.

Thiel, Christiane, Mein Gott und ich. Ein Roman über die Weltreligionen. Würzburg 2009.

Tworuschka, Udo/Zilleßen, Dietrich (Hgg.), Thema Weltreligionen. Ein Diskussions- und Arbeitsbuch für Religionspädagogen und Religionswissenschaftler. Frankfurt a. M./München 1977.

Wagemann, Gertrud (Hg.), Feste der Religionen – Begegnung der Kulturen. München 1996.

Waldow, Stephanie, Schreiben als Begegnung mit dem Anderen. Zum Verhältnis von Ethik und Narration in philosophischen und literarischen Texten der Gegenwart. Ethik – Text – Kultur Bd. 3. München 2013.

Willems, Joachim, Interreligiöse Kompetenz. Theoretische Grundlagen – Konzeptualisierungen – Unterrichtsmethoden. Wiesbaden 2011.

Ziebertz, Hans-Georg/Kalbheim, Boris/Riegel, Ulrich, Religiöse Signaturen heute. Ein religionspädagogischer Beitrag zur empirischen Jugendforschung. Gütersloh 2003.

Zimmermann, Mirjam, Kindertheologie als theologische Kompetenz von Kindern. Grundlagen, Methodik und Ziel kindertheologischer Forschung am Beispiel der Deutung des Todes Jesu. Neukirchen-Vluyn ²2012a.

Zimmermann, Mirjam, Literatur für den Religionsunterricht. Kinder- und Jugendbücher für die Primar- und Sekundarstufe. Göttingen 2012b.

Zimmermann, Mirjam, Erzählen. In: Dies./R. Zimmermann (Hgg.), Handbuch Bibeldidaktik, Tübingen 2013, 475–482.

Zimmermann, Mirjam, Feste in den Weltreligionen. Narratives Unterrichtsmaterial für die Sekundarstufe I. Göttingen 2015.

Zimmermann, Ruben, Abraham – Integrationsfigur im interreligiösen Dialog? Biblische Grundlagen und Wirkungen im Judentum, Christentum und Islam. Kerygma und Dogma 53 (2007), 160–188.

Interreligiöse Kompetenz narrativ fördern - Praxismaterial

Mirjam Zimmermann
Feste in den Weltreligionen
Narratives Unterrichtsmaterial
für die Sekundarstufe I
2015. 96 Seiten mit 31 Abb., kartoniert
ISBN 978-3-525-77011-5
eBook: ISBN 978-3-647-77011-6

In einer pluralistischen Welt brauchen junge Menschen interreligiöse Kompetenz, um in Austausch mit Angehörigen verschiedener Religionen treten zu können. Mirjam Zimmermann hat ein völlig neues narratives Konzept des interreligiösen Lernens entwickelt. Das Praxismaterial zeigt seine Umsetzung im Schulalltag.

Die Kopiervorlagen für eine ca. 10-stündige, erprobte narrative Unterrichtseinheit zeigen am zentralen Thema »Feste in den Weltreligionen«, wie es geht. Eine fortlaufende Erzählung aus der Lebenswelt von Schülerinnen und Schülern der Sekundarstufe I wird durch weiteres umfangreiches Unterrichtsmaterial ergänzt und baut handlungsorientiert interreligiöse Kompetenzen auf.

www.v-r.de

Durch Kinder- und Jugendbücher neue religiöse Zugänge schaffen

Mirjam Zimmermann
Literatur für den Religionsunterricht
Kinder- und Jugendbücher für die Primar- und Sekundarstufe
2012. 180 Seiten, kartoniert
ISBN 978-3-525-58013-4
eBook: ISBN 978-3-647-58013-5

Kinder- und Jugendbücher bereichern den Religionsunterricht, da Literatur hilft, Wirklichkeit intensiver zu erleben und zu erschließen. Bücher können auch den Boden bereiten für (religiöse) Lebenswelten und für religiöse oder biblische Traditionen sensibilisieren.

Dieser Band stellt geeignete Kinder- und Jugendbücher von der Primarstufe bis zur Sekundarstufe II vor. Die Bücher sind den Bereichen Gott, Jesus und seine Zeit, biblische Gestalten, Kirchengeschichte, Persönlichkeiten der Kirchengeschichte, Schöpfung, Ethik, Sterben und Tod, Religionen und Sekten zugeordnet und werden ebenso wie ihre Autoren vorgestellt.

www.v-r.de